SCIENCE

岩波科学ライブラリー 118

アクセントの法則

窪薗晴夫

岩波書店

目　次

プロローグ……1

1　標準語のアクセント……9
名前のアクセント
モーラと音節
複合名詞のアクセント

2　標準語と英語のアクセント……29
日本語とラテン語のアクセント
標準語のアクセント変化
−3の秘密

3　平板式アクセントの秘密……55

ケイコとマナブ
普通名詞の平板式アクセント
カラヤンとカンヤラ
大阪弁のアクセント

4 **鹿児島弁のアクセント**…………77
春子と夏子
青信号と赤信号
夏と冬はA、春と秋はB
AチームとMチーム
「行く」と「来る」

5 **鹿児島弁のアクセント変化**…………105
紅葉と楓
調査方法
調査結果
鹿児島弁はどこへ行く？

エピローグ……………… 123
参考文献

プロローグ

はじめに次のカタカナ語を発音してみよう。

パラマサ、ソゴホジョモド

いずれの語もカナ文字を適当に組み合わせて作った無意味の新造語であるが、発音は適当というわけにはいかない。東京出身の人であれば、おそらく次のように発音する(太字は高く発音される部分を表す)。

パ**ラマサ**、ソ**ゴホジョ**モド

大阪弁の発音は東京と似ているが、次のように語頭から高く発音されることが多い。

パラマサ、**ソゴホジョ**モド

日本列島をずっと南に下って鹿児島に行くとどうであろう。鹿児島弁の発音は東京方言(標準語)や大阪弁とは大きく異なり、次のようになる。

パラ**マ**サ、ソゴホジョ**モ**ド

これらの事実は、日本語のアクセント——音の高低に関する決まり——について二つのことを示唆している。その一つは、地域によってアクセントが異なるということである。東京の人が大阪弁を聞くと自分たちの発音とは少し違うことに気がつくし、鹿児島弁の発音を聞くと自分たちの発音とはまったく違うと感じる。逆に鹿児島の人が東京や大阪の発音を聞くと、よその言葉に聞こえる。このように、日本語のアクセントは地域によって大きく異なる。言い換えるならば、日本語のアクセントはそれぞれの「地域社会の決まり」である。日本語アクセントが次の例のように地域によって大きく異なることは昔からよく知られている。

東京	名古屋	大阪	鹿児島
あ**り**がとう	あり**が**とう	ありが**と**う	ありが**とう**

単語のアクセントがこのような地域差を示すのは日本語の特徴である。日本語のように音の高さ(ピッチ)で単語の特徴を表そうとする言語(高さアクセント言語)ではアクセントの地

域差が大きいが、英語のように「強さ」でアクセントを表す強さアクセント言語にはアクセントの方言差はほとんど見られない。英語の場合、Americaという語をある地域ではmeを強く発音し、別の地域に行くとAやriを強く発音するというようなことはないのである。

「パラマサ」「ソゴホジョモド」などの発音は、言葉のアクセントについてもう一つ大きな意味を持っている。それは、はじめて目にする単語であっても然るべきアクセントで発音されるという事実である。それぞれの方言が先に述べたアクセント型しか持っていないというわけではない。いずれの方言でも、体系としては複数のアクセント型を許容する。にもかかわらず、これらの語を別のアクセント型で発音するとたんにおかしく感じてしまう。たとえば「ソゴホジョモド」という無意味語に「ありがとう」のアクセント型をあてはめて次のように発音すると、それぞれのアクセント体系で許容されるアクセント型であるにもかかわらず、「何かおかしい」と感じるのである。

東京　ソ**ゴ**ホジョモド、ソ**ゴホ**ジョモド
大阪　ソゴホジョ**モ**ド
鹿児島　ソゴホジョモ**ド**

はじめて見る語を然るべきアクセントで発音できるということは、そのようなアクセント

を作り出す規則がその方言を操る人の頭の中にあるということを意味している。東京の人であれば「パ**ラマサ**」「ソ**ゴホジョ**モド」、大阪の人であれば「**パラマサ**」「**ソゴホジョ**モド」、鹿児島の人であれば「パラ**マ**サ」「ソゴホジョ**モ**ド」のアクセント型を作り出す規則――アクセント規則――を頭の中に持っているのである。後述するように、それは無意味語に対する特別な規則ではなく、外来語(カタカナ語)の発音を支配しているアクセント規則であり、また日本語本来の単語(和語、大和《やまと》言葉)をも支配している規則である。さらに、東京と大阪のアクセント型――「ソ**ゴホジョ**モド」「**ソゴホジョ**モド」――を作り出す規則は英語やラテン語のアクセント規則ともほぼ同じである。日本語の話者はどの方言を話す人であれ、自分の頭の中にアクセントの体系を持ち、その中にある規則を使って自分たちの方言を操っている。そのような規則を持っているからこそ、「パラマサ」や「ソゴホジョモド」のような無意味語もそれぞれの方言らしく発音できるのである。

　アクセントに限らず、言語は規則の体系であり、一見混沌とした言語現象の中に規則性を見つけだすことが言語研究の目的、醍醐味である。また、その規則の体系を子供たちがどのようにして獲得していくのかを解明することが現代言語学の大きな課題となっている。本書では人名・地名や外来語をはじめとする日本語の単語にどのようなアクセントの法則が潜んでいるかを探り、その法則を読み解くことで、私たちが日常的に使っている言葉の中に――

そして私たち自身の頭の中に――すばらしい規則の体系が存在していることを解説する。一方では標準語と英語・ラテン語の共通性を指摘することにより言語の普遍性を考え(第1〜3章)、他方では標準語と鹿児島弁の相違点を理解することにより言語の多様性を考えてみたい(第4〜5章)。

もう少し具体的な問題をあげてみよう。英語の banána という語が日本語に入るとどうしてアクセントの位置が前に動いて「**バ**ナナ」と発音されるのか、また逆に、Wáshington という語は日本語ではどうしてアクセントが後ろに動いて「ワ**シ**ントン」と発音されるのか? また、「**バ**ナナ」や「ワ**シ**ントン」と「青森」「佐藤」などの語のアクセント型には何か共通点があるのか、あるとすれば、両者を支配している法則は何なのか? 第1〜2章では、これらの問題を糸口に標準語のアクセント体系を分析する。アクセントの法則は単にアクセントの現象だけを支配しているのではない。英語の picnic という語が日本語に入ると「ピクニク」や「ピックニク」とはならずに「ピクニック」となる。つまり、促音の「っ」が語末に近いところに挿入される。また「雰囲気」という語が最近では「ふんいき」から「ふいんき」へと発音を変えてきている。一見するとこれらの現象はアクセントとは無関係なように思えるが、実はそうではない。これらはすべて共通した原理によって支配されている。その共通の原理とは何なのかを考察したのが第1〜2章である。

第3章では日本語に特徴的と言われる平板式アクセント(単語全体を平たく発音するアクセント型)がどのような条件のもとに生じるかという問題を検討する。一般に馴染み度が高くなると平板式アクセントに変わると言われている。しかし、「パラマサ」のような無意味の新造語でも、標準語や大阪弁の話者は平板式で発音する。馴染み度ゼロの語でも何か条件が整うと、平板式という日本語特有のアクセント型で発音するのである。この条件とは何なのか？　また、「明《あきら》」や「猛《たけし》」などの人名は平たく発音されないのに、「茂《しげる》」や「猛《たける》」が平板式で発音されるのはなぜなのか？　子供たちは二種類のアクセントをどのようにして獲得していくのであろうか？　第3章ではこのような平板式アクセントにまつわる疑問を解明する。

続く第4章では鹿児島弁のアクセント体系を解説する。前記の例からもわかるように、鹿児島弁のアクセント体系は標準語や大阪弁の体系とは同じ言語と思えないほどに大きく異なっている。具体的にどのような点において異なるのであろうか？　鹿児島弁のアクセント体系は一見すると非常に複雑そうに見えるが、標準語や大阪弁とは異なる視点から見ると、きわめて単純明快な体系であることがわかる。その単純明快な体系を作っているアクセント法則とは何なのか？　このアクセント法則を解説しながら、その法則を自在に操っている鹿児島弁話者の頭の中を解剖してみる。

最後の章では鹿児島弁に進行中のアクセント変化を考察する。「紅葉《もみじ》」という語は、鹿児島ではかつて［低低高］（もみ**じ**）というアクセント型で発音されていたが、今では［低高低］（も**み**じ）と発音される。一方「楓《かえで》」という語は、［低高低］（か**え**で）から［低低高］（かえ**で**）へとアクセントを変化させてきている。両者のアクセントが逆になっているのである。このような変化を引き起こしている原因は何なのか？　このまま進むと鹿児島弁はどのような体系になってしまうのか？　このような方言アクセントの問題を考察したのが第5章である。

本書では読者の理解を助けるために、後半の二章を中心に音声ファイルを用意した。2頁にあるようなスピーカーのマーク（）がついている例文については、岩波書店ホームページ（http://www.iwanami.co.jp/moreinfo/0074580/）にアクセスして生の方言音声を聞くことができる。アクセント理解の一助となれば幸いである。

標準語のアクセント

名前のアクセント

名前は私たちが毎日のように使っている言葉である。その一方で、自分の名前がどのようなアクセントで発音されているか自覚している人は多くない。まずは表1にあげる日本人ノーベル賞受賞者の名前を発音してみよう。

表1に示した＋と－の記号は、単語の中でピッチ(高さ)が落ちるかどうかを表している。たとえば「湯川秀樹」は姓・名ともにピッチが落ちるタイプ、一方「福井謙一」は姓・名ともにピッチが落ちないタイプである。

a　**ゆ**かわ　**ひ**でき

b　**さ**とう　え**いさく**

表1　ノーベル賞受賞者の名前とアクセント

a	＋＋	湯川秀樹，朝永振一郎，江崎玲於奈，白川英樹，野依《のより》良治，小柴昌俊
b	＋−	佐藤栄作
c	−＋	川端康成
d	−−	福井謙一，利根川進，大江健三郎，田中耕一

c　かわばた　やすなり
d　ふくい　けんいち

標準語には、このようにピッチが落ちる型と落ちない型の二種類が存在する(日本語の方言の多くがそうである)。ピッチが落ちる型は起伏式《きふくしき》、落ちない型は平板式《へいばんしき》(あるいは平板型)と呼ばれている。この二つの型は数の上でも拮抗しており、標準語の名詞のほぼ半数は起伏式であり、残りの半数は平板式である。人名の場合にも、姓と名にかかわらずこの二つの型が拮抗する。ノーベル賞受賞者の名前では＋＋と−−の組み合わせに偏った分布が見られるが、姓と名を別々に数えると＋と−の数はほぼ等しくなる。これは日本語の名詞全体に見られる傾向と同じである。ためしに、自分の名前が表1のどのタイプに属するか確認してみよう。家族・友人まであわせて一〇〇名分分析してみると、(a‐d)の四つのタイプがほぼ同数の分布を示すはずである。

ここで、二つの疑問が生じる。

（1）どのような語が起伏式となり、どのような語が平板式となるのか。

（2）起伏式はどこでピッチが落ちるのか。

（1）の問題は後で論じることにして、まず（2）の問題を考えてみよう。表1にあげた起伏式の姓名を眺めてみると、一つの傾向があることに気がつく。単語の長さごとに分けて並べてみると次のようになる。

a　**ゆ**かわ、**え**ざき、**の**より、**こ**しば、**さ**とう、**ひ**でき、**れ**おな、**りょ**うじ

b　と**も**なが、し**ら**かわ、ま**さ**とし、や**す**なり

c　し**んいち**ろう

ピッチの下がり目を語頭から数えてみると、（a）の語は単語の最初が高く、二つ目から低くなる。一方、（b）の語は二つ目と三つ目の間で、また（c）の語は四つ目と五つ目の間でピッチが下がる。単語の長さによって下がる位置が異なり、統一した規則がないように見える。ところがここで発想を変えて、ピッチの下がり目を語末から数えるとどうであろう。世界のアクセント言語の少なくとも半数は「語末から数える」という原則に従うから、標準語のアクセントにこの原則を適用してみると、（a–c）の語はすべて「語末から数えて三つ目と二

つ目の間」でピッチが下がっていることがわかる。日本語のアクセント研究では、このピッチの下がり目を「アクセント核」と呼び、しばしば「の記号で表す。本書では略して単に「アクセント」と呼び、その直前の文字を▒で表すことにする。また、かな文字に対応する音の単位を「モーラ」と呼んでいる(注)。(a–c)の語は三モーラ、四モーラ、六モーラの語ということになる。これらの語が同じアクセント型を持つことは、次のように表すとよくわかる。

ゆかわ
ともなが
しんいちろう

ゆかわ
ともなが
しんいちろう

[注]モーラは俳句や川柳、短歌など、日本語の伝統的な詩歌のリズム単位であり、五七五(七七)はモーラの数を表している。次の川柳を読んで、モーラの感覚を確認してみよう。特に、「ん」「っ」が一つに数えられ、また長音や二重母音(ai)が二つに数えられているところがポイントである(ただし、「りょ」「じゅ」「じゃ」などの小さな「ゃ、ゅ、ょ」がついたものは二文字で書いても一モーラである)(窪薗一九九九——参考文献は巻末に記す)。

(小学生の川柳)　日本中　あっちこっちで　たまごっち

（中学生の川柳）　捕虜とって　自由求める　ハイジャック
（高齢者の川柳）　旅行好き　行ってないのは　冥土だけ

ここで「語末から三つ目にアクセントを置く」という規則を「−3（マイナス3）の規則」と呼ぶことにする。表1の姓名に現れた起伏式の語はすべてこの規則に従っているが、これは偶然ではない。人名、地名に関わらず、標準語では起伏式であれば語末から三つ目のモーラにアクセントを持つものがほとんどである。ためしに、自分や家族・知人の名前を発音してみるとよい。起伏式で発音される名前のほとんどが、この規則に従うはずである。人名から離れて地名（県名）を例にとると次のようになる。

あ**お**もり、**あ**きた、**い**わて、**み**やぎ、ふ**く**しま、や**ま**がた、**と**ちぎ、い**ば**らき、
や**ま**なし、か**な**がわ、**な**がの……

−3の規則が働くのは、人名や地名のような固有名詞に限らない。この規則は、標準語の名詞一般に見られるアクセント規則である。三モーラの名詞を例にとると、標準語では次のように四つのアクセント型が許容される（△は助詞）。起伏式の「お**とこ**」と平板式の「ね**ずみ**」は、後続する助詞が低くつくか高くつくかという違いを示す。四つのアクセント型しか

許されないのは、標準語が(i)語内で一度下がったピッチは二度と上がらない、(ii)語頭は同じ高さが続かないという制約に従っているからである(注)。

[注]ただし二つ目のモーラが「ん」や長母音など(後述する特殊モーラ)の場合などには、「**ぎんこう**(銀行)」「**こうこう**(高校)」のように語頭から[高高]と続くこともある。

起伏式

●○○　**い**のち

○●○　こ**こ**ろ

○○●△　お**とこ**(が)

平板式

○○○△　ね**ずみ(が)**

この四つのアクセント型の中で突出しているのが平板式と−3型の起伏式である。たとえばNHK(編)『日本語発音アクセント辞典』の三モーラ名詞を分析すると、表2のような結果が得られる。

このように統計的に見ても、−3の規則は標準語のデフォルト(基本)の規則であることがわ

表2　標準語3モーラ名詞のアクセント型と生起頻度

アクセント型	いのち	こころ	おとこ	ねずみ
生起頻度	42%	4%	2%	52%

かる(平板式については第3章で詳述する)。標準語はnモーラ(正しくはn音節)の長さの名詞に対してn+1個のアクセント型を許容する体系——いわゆる「多型《たけい》アクセント体系」——を持つというのが定説であるが(平山一九六〇、秋永一九八五、上野一九八九)、統計的に見るとこの説は妥当ではない。「こころ」のように語末から二つ目のモーラがアクセントを持つ型や、「おとこ」のように語末にアクセントが置かれる型はきわめて少数派であり、例外的である。統計的に見ると、起伏式(−3型)と平板式の二つのアクセント型しか許容しない「二型《にけい》アクセント体系」に限りなく近い。標準語では動詞や形容詞が起伏式と平板式の二型であり、起伏式には「うごく」「うれしい」のような一つのアクセント型(語末から二モーラ目まで高い−2型)しかない。名詞もこの種の二型体系にきわめて近い、あるいは近づいていると言える。

起伏式の動詞・形容詞

成る(なる)、飲む(のむ)、動く(うごく)、調べる(しらべる)

青い(あおい)、うまい(うまい)、暑い(あつい)、嬉しい(うれしい)

平板式の動詞・形容詞

鳴る(な**る**)、寝る(ね**る**)、止まる(と**まる**)、働く(は**たらく**)

赤い(あ**かい**)、甘い(あ**まい**)、厚い(あ**つい**)、悲しい(か**なしい**)

標準語の名詞アクセントが平板式と−3型の二つのアクセント型に収束するということは、子供の言語獲得についても一つの示唆を与えてくれる。標準語を母語とする子供たちは、アクセント型を単語ごとに覚えてアクセント体系を獲得すると考えられがちであるが、表2のような統計データを見る限り、そうでない可能性が高い。子供たちにとって必要なのは、その語が起伏式となるか平板式となるかという情報である。平板式とわかれば、単語全体を平たく単調なピッチで発音し、そうでないとわかれば−3の規則を適用して、語末から三つ目のモーラの直後でピッチを落とすように発音する。「こころ」「おとこ」タイプの例外的なアクセント型については、おそらく単語ごとにそのアクセント型を覚える必要があろうが、それ以外の大多数の語については、「平板式(あるいは起伏式)となるかならないか」という情報だけが必要となる。あとは−3の規則を覚えて、起伏式となる語(あるいは平板式でない語)だけにその規則を適用すればすむのである。

では、子供は「その語が平板式か否か」ということを単語ごとに学習しているのであろうか。それとも何か平板式と起伏式の語を区別する法則があって、その法則を習得することで両者の区別ができるようになるのだろうか。これこそが言語獲得研究にとっても、日本語のアクセント研究にとっても重要な問題と言える。第3章で見るように、起伏式と平板式の区別はその語の意味構造や音韻構造からある程度推測できる。問題は、ほぼ一〇〇パーセントの推測を可能とするような、そのような一般的な原理・規則があるかどうかということである。

ここで−3の規則に戻って、その特質を考えてみよう。英語などから日本語に入ってきた外来語の多く――たとえば「ロ**サンゼ**ルス」のような固有名詞や「**バ**ナナ」のような普通名詞――が−3の規則に従うことは以前から知られていた(McCawley 1968)。

ロ**サンゼ**ルス、リ**バプ**ール、オー**スト**リア、オー**ストラ**リア、ニュー**ヨ**ーク
バナナ、**プ**ラス、オ**レ**ンジ、ストレス、ク**リス**マス

表2の統計結果を見てみると、その理由も自明のこととなる。人間は外来語に対して何も特別なことをするわけではない。自分の言語においてもっとも基本的な規則を適用するだけのことである。はじめて出会う語に対して自分の本性をさらけ出すと言ってもよい。

本書の冒頭で述べた「ソゴホジョモド」のような新造語も同様である。東京の人がこの無意味語を「ソ**ゴホジョ**モド」というアクセント型で発音するのは、標準語本来のアクセント

規則がこのアクセント型を基本としているからに他ならない。「ソ**ゴホジョ**モド」というアクセント型が自然に出てくるのは、標準語を母語とする人の頭の中に−3の規則が存在しているからなのである。

興味深いことに、この−3の規則は標準語だけの規則ではない。大阪弁も起伏式の単語に対してこの規則を適用する。大阪の人が無意味語を標準語と似たように発音するのはそのためである。さらに発展させると、この−3のアクセント規則は英語やラテン語のアクセント規則ともよく似ている(第2章)。ラテン語のアクセント規則はラテン語とは系統的に関係のない言語にまで広範囲に観察されることから、標準語のアクセント規則も人間の言語によく見られる規則ということができる。

モーラと音節

標準語のアクセント型の中で、ピッチの下がる語の大半は−3の規則に従うと述べてきた。ところが外来語を中心に、一つ前でピッチが下がる語も散見される。その多くは、語末から三モーラ目に「ん」「っ」「ー」「い」のような特殊モーラ(傍線部分)がくる語である。

おおかわ(大川)、**さ**いたま(埼玉)、**ば**んどう(坂東)、**ちゅ**うごく(中国)、

けいざい(経済)、ロンドン、ガンジス、ワシントン、ペーパー、サッカー、サイダー

「ん」「っ」「ー」及び二重母音の「い」(つまり[ai], [oi]などの[i])は語頭に立つことができない特殊な要素であるが、語頭に立てないだけではない。アクセントを担うことができないという点でも特殊である。語末からモーラを数えたときに、三つ目が特殊モーラであれば一つ前のモーラにアクセント(ピッチの下がり目)が移動する。このように考えると「おおかわ」「ロンドン」などの例も-3の規則で説明できるようになる。ここで重要なことは、なぜ特殊モーラが担うべきアクセントが後ろのモーラではなく前のモーラに移動するか、ということである。特殊モーラが特殊であるという分析は、アクセントが移動する事実は説明できても、移動の方向までは説明できない。

この問題は、アクセントを担う単位がモーラではなく音節(シラブル)であると考えれば自然に解決できる。音節とは母音を中心とする発音の単位であり、原則として一つの母音が一つの音節を構成する。「ちゅう」に含まれる[uː]の長母音であっても、「さい」に含まれる[ai]という二重母音であっても、切れ目のない一つの母音である。それゆえ「ちゅう」や「さい」は一つの音節を構成する。多くの言語において、アクセントを与えられる単位は音節であると考えられている。日本語も人間の言語の一つであるから、同じように考えると

「おおかわ」や「ロンドン」などの語において特殊モーラから語の前方にアクセントが移動する事実が説明できる。移動するというよりも、はじめから音節がアクセントを担うのである。この線に沿って$^{-3}$の規則を改訂すると次のようになる。

起伏式アクセント規則
　語末から数えて三つ目のモーラを含む音節にアクセントが置かれる。

この規則は外来語のアクセント規則として提唱されてきたものであるが、和語や漢語を含め、標準語の名詞の中で起伏式となるものの大半を説明できる。これまで見てきた語を例にとると次のようになる。(b)は$^{-3}$の位置に特殊モーラを持つ語である。「・」は音節境界を表す。モーラは、基本的にかな文字一文字＝一モーラである。

a　**ゆ**・か・わ、**ひ**・で・き、**え**・ざ・き、**れ**・お・な、ロ・**サン**・**ゼ**・ル・ス、リ・**バ**・**プー**・ル、オー・**ス**・**ト**・リ・ア、オー・**ス**・**ト**・**ラ**・リ・ア

b　**おお**・か・わ(大川)、**さい**・た・ま(埼玉)、**ばん**・どう(坂東)、**ちゅう**・ご・く(中国)、**けい**・ざい(経済)、**ロン**・ドン、**ガン**・ジ・ス、ワ・**シン**・トン、**ペー**・パー、**サッ**・カー、**サイ**・ダー

(b)には漢語や外来語が目立つが、これは偶然ではない。日本語本来の和語には特殊モーラが少ないため、モーラと音節の境界が一致するのが普通である。これに対し、中国語から入った漢語や英語などから入った外来語には、長母音や二重母音、撥音(ん)、促音(っ)が頻繁に現れ、モーラと音節の境界が一致しなくなってしまう。日本語の分析に、モーラに加えて音節という単位が必要となってくるのはそのような事情による。このことは、自分の名前の音節構造を分析してみると、すぐに理解できる。ノーベル賞受賞者の名前を見ても、特殊モーラ(傍線部分)が現れるのは「振一郎、良治、佐藤、栄作、謙一、健三郎、耕一」のように漢語読み、つまり音読みの語である。

日本語のアクセント分析に音節が必要と言っても、アクセントを担う単位は一般に音節であるから、日本語が特殊というわけではない。また、音節もモーラも言語の分析に広く用いられる単位であるから、その意味でも日本語が特別というわけではない。日本語(標準語)の特徴は、「モーラで数えて、音節でアクセントを担う」というところにある。アクセントの位置を定めるプロセスにおいて、場所を決めるために距離を測る単位と、最終的にアクセントを担う単位とを区別しているのである。「語末から数えて三つ目のモーラを含む音節にアクセントを置く」というアクセント規則はまさにそのような原理に基づいている。

ここまで見てくると、「モーラという単位を使わなくても、音節だけでうまく説明できるのではないか」という考え方が出てくるかもしれない。標準語のアクセントに関する限り、この見方は妥当ではない。音節だけを用いると、20頁のデータは語末から二音節目にアクセントがある語(リ・バ・プー・ル、ロン・ドン、ワ・シン・トンなど)と、語末から三音節目にアクセントがある語(ロ・サン・ゼ・ル・ス、オー・ス・ト・ラ・リ・アなど)に二分されてしまう。二つのアクセント規則を仮定せざるをえなくなり、統一的な分析ができなくなってしまうのである。

複合名詞のアクセント

次に、−3の規則が複合名詞のアクセント規則と酷似していることを指摘しておこう。複合名詞とは「夏祭り(=夏+祭り)」や「新横浜(=新+横浜)」のように複数の名詞が結合してできた語である。標準語の複合名詞アクセント構造は前部要素のアクセント構造とは関係なく、後部要素によって決まるとされている。後部要素が同じであれば、同じアクセントで発音され、たとえば「…大学」はすべて「…だいがく」という型で発音される。

な**ごや**だいがく、に**ほんだ**いがく、ぺ**きんだ**いがく、カ**リフォルニアだ**いがく

複合名詞のアクセント規則として、具体的に次のような規則が考えられてきた。ここでは

まず、後部要素がもともとアクセントを持たない語(平板式)の場合を考える。

複合語アクセント規則

a　後部要素(○)が一~二モーラの長さであれば、前部要素(□)の末尾音節に複合語アクセントが置かれる。

□□■○、□□■○○

b　後部要素が三モーラ以上の長さであれば、後部要素の最初の音節に複合語アクセントが置かれる。

□□□●○○、□□□●○○○

それぞれについて具体的な例をあげる。

a　乳飲み＋子　↓　乳飲み子(ち**のみ**ご)

くわがた＋虫　↓　くわがた虫(く**わがた**むし)

b　の＋ねずみ　↓　野ねずみ(の**ね**ずみ)

しん＋横浜　↓　新よこはま(**しんよ**こはま)

みなみ＋アメリカ　↓　みなみアメリカ(み**なみあ**めりか)

(a)と(b)は別々の規則と考えられているが、両者の出力を比べてみると、その共通性が浮かび上がる。後部要素が比較的短ければ、前部要素の方に複合語アクセントを置き、後部要素が長ければ、その要素の最初に複合語アクセントを置こうとする。そうすることによって、両規則とも語末二モーラにアクセントを持つ構造と、語末から五モーラ以上離れた位置にアクセントを置く構造を避けようとしているのである。

語末二モーラを避けているのは「くわがた虫」が「くわがたむし」とはならないことからも、また「野ねずみ」「新横浜」「南アメリカ」を「野ねずみ」「新よこはま」「南アメリカ」と発音しないことからもわかる。「新横浜」「南アメリカ」には「新よこはま」「南アメリカ」という発音も許されるが、「新よこはま」「南アメリカ」という発音は聞かれない。明らかに語末二モーラにアクセントを置くことを避けている。

語末から五モーラ以上離れたところに複合語アクセントを置かないという点は、「新よこはま」「南アメリカ」のような例から理解できる。「くわがた虫」のように「前部要素の末尾音節に複合語アクセントを置く」という規則を複合語全体に適用した方が統一性がとれて単純になるように思えるが、そうはならない。後部要素が三モーラ以上の長さになると、前部要素ではなく後部要素の方に複合語アクセントが置かれるようになる。

語末から五モーラ以上離れたところに複合語アクセントを置きたがらないということは、

次のような複合語のアクセントからもわかる。いずれも後部要素に五モーラ以上の長さの平板式の語を持つ複合語であるが、「新よこはま」や「南アメリカ」の場合とは違い、後部要素の最初の音節にアクセントを置いて「黒蜜ところてん」「南カリフォルニア」と発音することは稀である。通常は複合語全体を平板式で発音するか、あるいは後部要素の語中(語末から三、四モーラ目あたり)に複合語アクセントを置く。

黒蜜＋ところてん　→　黒蜜ところてん、黒蜜ところてん

南＋カリフォルニア　→　南カリフォルニア、南カリフォルニア

これは五モーラ以上の平板式名詞を後部要素に持つ複合語に共通した特徴である。このことは「後部要素が三モーラ以上の長さであれば、後部要素の最初の音節に複合語アクセントが置かれる」という従来の規則が、後部要素が五モーラ以上の複合語にはあてはまらないことを意味している。規則がこのタイプの複合語に働かなくなるのはなぜか。そのまま適用されたら「南カリフォルニア」のように、語末から数えて五モーラ目、六モーラ目に複合語アクセントを置く複合語ができてしまう。明らかに、この構造を避けているのである。

このように、複合名詞は語末の二モーラにも、語末から五モーラ以上離れた位置にもアクセントを置こうとはしない。これは従来別々のものとして扱われてきた二つの複合語アクセ

ント規則が単一の規則に統一できることを意味している。さらに、「語末の二モーラを避け、かつ語末から五モーラ以上離れたところを避ける」というのは、−3の規則とまったく同じものである。−3の規則は、語末から三つ目のモーラを最適なアクセント位置とし、その位置に「ん」「っ」のような自立性の低い要素がきた場合に一つ前のモーラ(−4の位置)にアクセントを置くという規則であった。逆の見方をすると、語末の二モーラにも、語末から五モーラ以上離れたところにもアクセントを置かないという規則である。これは「くわがた虫」や「南アメリカ」などの複合語を作り出しているアクセント規則と同一の内容である。

これまで−3の規則は「ワシントン」「カレンダー」「いのち」「あざらし」のような単純語(単一の語からできている名詞)にあてはまるものと考えられてきた。一方、複合語アクセント規則は「くわがた虫」や「南アメリカ」のような複合名詞にあてはまるものと考えられてきた。両者の間には単純語か複合語かという違いがあり、これによって複合語には「乳飲み子」のような−2のアクセント型が発生する。これは、アクセントを複合語を形成する二要素の境界に置こうとした結果である。「南アメリカ」などに見られる−4のアクセント型もまた、この境界現象によって生じている。また複合語の場合には、後部要素がもともとアクセントを持っていて、そのアクセントが保存されることによって−2のアクセント型が生じることもある。

ペルシャ＋ねこ　→　ペルシャねこ(ペルシャねこ)
マイクロ＋バス　→　マイクロバス(マイクロバス)

しかし、このような−2や−4のアクセント型は複合語ゆえに生じるアクセント型であり、それらを除くと、複合語が示すアクセント型と−3の規則が示すアクセント型はほぼ共通している。人間の頭の中では、同じ規則として機能している可能性が高いことをうかがわせる。複合語と単純語は、複数の要素からできているか、単一の要素からできているかという入力の違いはあるものの、基本的には同じアクセント規則によって支配されていると考えられるのである。次章で見るように、−3の規則はラテン語や英語のアクセントとも共通性が高い規則である。標準語の複合名詞アクセント規則も同じアクセント規則グループに入るものと考えられる。

この分析は、さらに動詞や形容詞のアクセントにも拡大することができる。標準語の動詞や形容詞は名詞と同じように起伏式と平板式に二分されるが、起伏式の場合には、語末から二モーラ目にアクセントが置かれる。

はしる(はしる)、調べる(しらべる)、うまい(うまい)、美しい(うつくしい)

名詞の場合には「あざらし」「オレンジ」「カルシウム」のように$^{-3}$の規則が働くのに対し、動詞・形容詞では$^{-2}$の規則が働くと考えられてきた。名詞と動詞・形容詞が別々のアクセント規則に支配されていると考えられてきたのである。しかし、実際にそうであろうか。「あざらし」や「オレンジ」などは単純語であるが、動詞・形容詞はそうではない。「調べる」「美しい」は「調べ」「美し」という語幹に「る」「い」という語尾がついたものである。その点において、「乳飲み＋子」という複合名詞と同じ複合構造を持っている。そうであれば、「乳飲み＋子」から「乳飲み子」というアクセント型が作り出されるのと、「調べ＋る」「美し＋い」から「調べる」「美しい」というアクセント型が作り出されるのは、同一の規則の仕業と考えることができよう。つまり、動詞・形容詞に働いているように見える$^{-2}$の規則は、実は複合名詞のアクセント規則と同じものなのである。

　このように見てみると、単純名詞も複合名詞も動詞や形容詞も、基本的なところは同じ原理によって支配されていると考えられる。複合名詞や動詞・形容詞は複合構造を持っているから単純語とは少し異なるパターン(表面的な$^{-2}$のパターン)をとることがあるが、全体を支配している規則は同一である。

2 標準語と英語のアクセント

日本語とラテン語のアクセント

ここで少し話題を変えて、ラテン語のアクセント規則を紹介しよう。ラテン語も日本語と同じように音節とモーラを併用するアクセント規則に従っているが、標準語のアクセント規則とは内容が異なっている。

ラテン語のアクセント規則

a 語末から二つ目の音節が重音節（二モーラ音節）であれば、その音節にアクセントを置く。

b 語末から二音節目が軽音節（一モーラ音節）であれば、その一つ前の音節にアクセントを置く。

ここで「重音節」と呼ばれているのは、モーラ二つ分の長さを持つ音節、日本語流に言うと、「ん」や長母音などを含む音節である。一方「軽音節」とは一モーラの長さを持つ音節、つまり日本語の分析で自立モーラだけからなる音節(「ん」や長母音を含まない音節)である。ラテン語でも日本語と同じように、長母音や二重母音が二つ分のモーラを持ち、短母音は一モーラ分の長さを持っている。短母音に後続する子音も一モーラ分の長さを持っているとされる。これも日本語の撥音や促音が一モーラの長さを持つというのと同じである。次にラテン語アクセント規則の(a、b)に対応した例をあげる。

a　for.túu.na(幸運)、roo.máa.nus(ローマ人)、a.lex.án.der(アレクサンダー)

b　pó.pu.lus(人々)、ín.te.grum(完璧な)

ラテン語のアクセント規則は、基本的に音節で距離を測る。単語の最後から数えて二つ目の音節を基本的なアクセント位置として定め、その音節が軽すぎる(一モーラの重さしか持たない)場合には、一つ前にアクセントを移すという手順をとる。アクセントを応援団の旗にたとえてみれば、次のようになる。

① 団旗(アクセント)を持つのは原則として列の最後から二人目(二つ目の音節)である。

② 重い応援団旗(アクセント)を安定して担うためには、ある程度以上の体重(音節の重さ)が必要となるから、後ろから二人目(二つ目の音節)が軽い人(音節)である場合には、特別処置としてその前の人(音節)が旗手(アクセントの担い手)となる。

アクセントを担うというのは応援団旗を担うことと同じくエネルギーのいる作業であるから、体力のない人(軽い音節)には無理で、その場合には最後の人(語末音節)を避けて、後ろから三人目(三つ目の音節)に団旗(アクセント)を譲る、という決まりである。

このラテン語のアクセント規則はラテン語だけのものではない。ラテン語の子孫であるロマンス系の諸言語(イタリア語、ルーマニア語、スペイン語、ポルトガル語)などに少し形を変えて受け継がれている。またラテン語と同じ系統(インド・ヨーロッパ語族)に属するゲルマン系の諸言語(英語、ドイツ語、オランダ語など)でも言語接触により同じアクセント規則が使われている。ラテン語の例に対応する英語の例を次にあげる。

英語の名詞アクセント

a 語末から二つ目の音節が重音節(二モーラ音節)であれば、その音節にアクセントを置く。
ba.ná.na, vi.ó.la, ho.rí.zon, a.gén.da, ap.pén.dix

b 語末から二音節目が軽音節(一モーラ音節)であれば、その一つ前の音節にアクセント

を置く。Cá.na.da, A.mé.ri.ca, rá.di.o, bál.co.ny, mé.lo.dy

このアクセント規則は実はもっと身近なところでも経験できる。英米人などの英語母語話者が日本語の単語を発音するときに、O.[sáː].ka(大阪)、Na.ga.[sáː].ki(長崎)、Na.[góː].ya(名古屋)のように語末から二つ目の音節にアクセントを置くことが多い。その際、その音節の母音を長く発音する。母音を長くするということはba.ná.naやvi.ó.laの場合と同じように、その音節を重音節に保つということを意味している。つまり、語末から二つ目の音節を重音節にして、そこにアクセントを置くのである。

三音節の長さの語を中心に、語末から三つ目の音節にアクセントを置いて発音されることもある。この場合には、語末から二つ目の音節では母音が短く発音され、軽音節となる。これはCá.na.daやA.mé.ri.caのケースである。長野オリンピックのとき、アメリカのニュースは開催地「長野」をNa.[gáː].noと発音していたが、現地(日本)の発音が語頭にアクセントを置くことを知って、[Ná].ga.noと発音するようになったそうである。日本語の母音が長いかどうかは英語の話者にはわからないため、日本語の発音がわからないと英語の原則——つまり(a)——を適用し、日本語の母音の長短やアクセント型がわかると、それに合わせて例外的な(b)も許容する、という方策が見えてくる。日本の地名・人名を発音するときに英語のアクセント規則を適用してしまうのである。

歴史的にラテン語の影響を受けた英語やドイツ語に、ラテン語のアクセント規則が観察されるというのは納得のいくことである。ところが興味深いことに、このアクセント規則はラテン語とは系統的にも歴史的にもまったく関係のない言語にも観察されることが知られている。ブルース・ヘイズの研究によると、次のような言語がラテン語と同じあるいは類似したアクセント規則を持っている(Hayes 1995)。

アラビア語(レバノン方言、ベドイン方言)、ハワイ語、トンガ語[南太平洋]、インガ語[南米コロンビア]、マム語[中米グァテマラ]、マナム語[ニューギニア]、フィジー語[南太平洋]、……

このことは、ラテン語のアクセント規則がヨーロッパの言語に限られたものではないことを示唆している。つまり、人間の言語に観察されるアクセント規則の中でもかなり一般性の高い規則なのである。

では、日本語のアクセント規則はどうであろう。標準語の起伏式名詞は次のようなアクセント規則を持っていると述べたが、この規則はラテン語の規則と似ているのであろうか。

標準語の名詞アクセント

語末から数えて三つ目のモーラを含む音節にアクセントが置かれる。

両規則は語末から数えるところ、音節とモーラの両方の概念を用いるところ、音節がアクセントを担うところは共通しているが、それ以上の共通性を持っているようには見えない。ラテン語の規則が音節を数えるのに対し、日本語(標準語)はモーラを数えてアクセントの基本位置を定める。また、ラテン語の規則がモーラに頼ってアクセント位置の調整を図るのに対し、日本語は最終的なアクセント位置の決定を音節に頼る。このようにアクセント位置を決める具体的な方策が、両言語ではまったく異なっているように見える。

ここで少し見方を変えて、同じ土俵で両者を比較してみたらどうであろう。たとえば、日本語の基本単位をモーラではなく音節だと仮定して、それに日本語の規則を適用してみてはどうであろう。ラテン語でも日本語でも、音節は二モーラの長さを持つ重音節と、一モーラの長さを持つ軽音節に二分できるから、これらをH、Lと表示することにする。標準語のアクセント規則は、音節で数えたときに、語末から二つ目か三つ目の音節にアクセントを置くという効果を持っている。そこで、語末の三音節に注目して音節の組み合わせを作ってみると、表3(36頁)の八通り(2×2×2)の構造ができあがる。ラテン語でも日本語でも、これが網羅的なリストである。

この音節構造の組み合わせリストに、ラテン語の規則を適用してみると、表4のアクセント型が作り出される。(a–d)は「語末から二つ目の音節が重音節であれば、その音節にアクセントを置く」という規則、(e–h)は「語末から二音節目が軽音節であれば、その一つ前の音節にアクセントを置く」という規則が作り出すアクセント型である(ここではアクセントのある音節をH、Lのように表す)。

一方、同じリストに日本語のアクセント規則(語末から数えて三つ目のモーラを含む音節にアクセントを置く)を適用するとどうなるか。Hは二モーラ音節であるから二つ分のモーラを持つものとして計算され、Lは一つ分のモーラを持つものとして計算される。語末から数えて三つ目のモーラをまず算出し、そのモーラが含まれる音節にアクセントを与えると、表5の結果が得られる(外来語の例を添える)。

ラテン語(表4)と日本語(表5)のケースを比較すると、恐るべき共通点が見えてくる。論理的に可能な八つの音節構造の中の六つにおいて——つまり6/8の確率で——両言語のアクセント型が同じという結果が得られる。両者が異なるアクセント型を作り出すのは(e、g)の二つの音節構造だけである。つまり語末がLHという構造を持つ語においてラテン語と日本語の規則は異なるアクセント型を派生するが、他の六つの構造ではまったく同じアク

表3　語末の3音節構造

a…HHH	b…HHL	c…LHH	d…LHL
e…HLH	f…HLL	g…LLH	h…LLL

表4　ラテン語・英語のアクセント

a…HHH	b…HHL	c…LHH	d…LHL
e…HLH	f…HLL	g…LLH	h…LLL

表5　標準語のアクセント

a…HHH	b…HHL	c…LHH	d…LHL
スー・パー・マン	アン・コー・ル	ワ・シン・トン	ナ・ター・シャ
e…HLH	f…HLL	g…LLH	h…LLL
バー・ベ・キュー	エ・ジン・バ・ラ	ビ・タ・ミン	ク・リ・ス・マ・ス

セント型を作り出す。

この一致は偶然ではない。両言語のアクセント規則を同じ土俵の上で比較すると、このような共通性が浮かび上がるのである。また、この共通性は最近生じたものでもない。表5の例は外来語であるが、和語や漢語でも同じである。ただ和語の場合には、歴史的な理由から特殊モーラが少なく、その結果、軽音節が主体となる(このことは日本人の名前を見てみるとよくわかる)。…LLLという音節構造がほとんどであったために、表5のようなバリエーションが見えにくい――見逃されていた――というだけのことである。

外来語だけ考えてみても、日本語で

「ワシントン」「エジンバラ」と発音するようになったのは最近のことではない。英語では「ワ」や「エ」にアクセントを置いて発音しているものを(Wáshington, Édinburgh)、日本人が日本語に合わせて「ワシントン」「エジンバラ」と発音するようになった。表5のアクセント型は、まさしく日本語のアクセント規則が作り出した型なのである。

標準語のアクセント規則が、なぜラテン語のアクセント規則とこれほどまでの類似点を見せるのか。それは標準語がアクセント言語だからである。人間の言語にはいろいろなアクセント規則があるが、標準語のアクセント規則はその中でも一般的な、ラテン語タイプのアクセント規則に属する。規則の内容という点では、標準語はラテン語や英語・ドイツ語と同じく、先にあげた言語のグループに仲間入りすることになる。日本語と英語を比べてみると、前者が高さアクセント、後者が強さアクセントという違いは確かに存在する。しかし、これは「アクセントが音声的にどのように現れるか」という違いにすぎない。「アクセントがどこに置かれるか」というアクセント規則の中身については、日本語はラテン語や英語をはじめとするラテン語タイプの言語と同じ特徴を示すのである。

ところで、日本語とラテン語・英語のアクセント規則が6割同じであると聞いても、実感できない人が多いかもしれない。「カナダ」とCánada が同じ位置にアクセントを持つと言われても、偶然かもしれないという疑念は払拭できない。逆に、「バナナ」とbanána、

「ポテト」とpotáto、「ワシントン」とWáshington、「クリスマス」とChrístmasのように、日英語間でアクセント位置の違うものも数多く見いだされる。このような例はどうなるのだという疑問が生じても不思議ではない。

「バナナ」とbanánaや「ポテト」とpotátoのアクセントが日英語で異なるのは、語末から二つ目の音節の母音の長さが日英語間で異なるからである。Cánadaのnaとは違い、banánaのnaやpotátoのtaは長母音・二重母音という指定をはじめから与えられている。つまりna, taが重音節(二モーラ)なのである。これはラテン語規則(29頁)の(a)の条件に合致する構造であるから、その音節にアクセントが置かれる。これに対し英語のCanadaや日本語の「バナナ」「ポテト」は、語末から二つ目の音節(na、ナ、テ)が短母音として処理されている。つまり軽音節(一モーラ)である。この構造にラテン語規則がかかっても、あるいは日本語の-3の規則が働いても、アクセントはその前の音節(ca、バ、ポ)に置かれることになる。かりにbanana, potatoという語が「バナーナ」「ポテート」という音形で日本語に借用されたとすれば、-3の規則によって——「カローラ」「ナターシャ」と同じように——「バナーナ」「ポテート」というアクセント型を与えられたに違いない。これは英語・ラテン語規則の(a)が与えるアクセント型と同じである。

「バナナ」や「ポテト」と同じことが、日本語の発音と英語流の日本語読みとの間にも見いだされる。「お**か**やま」「な**が**さき」は−3の規則によって語末から三モーラ目にアクセントが与えられる。一方、英語の母語話者はこれらの語をOkayáma, Nagasáki と語末から二つ目の音節にアクセントを置いて発音するのが普通である。一見すると日本語と英語のアクセント規則が同一の語に異なるアクセント型を与えているように思えるかもしれないが、実はそうではない。日本語話者は「岡山」「長崎」の母音がすべて短母音であることを知っている。つまりこれらの語が四つの軽音節からできていることを知っている。この構造に−3の規則が適用されても、ラテン語・英語アクセント規則が適用されても、「お**か**やま」「な**が**さき」というアクセント型が作り出される。

これに対し、英語の話者は日本語の母音が長いか短いかということまでは知らない。入力において長母音・短母音の——つまりは重音節・軽音節の——指定がないため、自分たちの規則の基本形であるラテン語規則(a)を適用して母音の長短とともにアクセントの位置を決めてしまうのである。その結果、Okayáma, Nagasáki が作り出される。逆に日本語話者でも「岡山」「長崎」が「ヤー」「サー」という音形を持っているとなれば、(「エ**ルニ**ーニョ」のように)「オ**カヤ**ーマ」「ナ**ガサ**ーキ」と発音するはずである。このように、banana, potato, Okayama, Nagasaki などの語のアクセント構造が日英語で異なっているのは、両言語の入力形が異なるからであって、規則が異なるからではない。

同じ説明が、「ク**リス**マス (Christmas)」のような語にもあてはまる。日本語と英語ではアクセントの位置が異なっているが、これも入力構造が異なるからである。英語の Christ.mas は二音節であるが、日本語の「ク・リ・ス・マ・ス」は五音節である。英語から単語を借用する際に、英語になかった母音を三つ挿入し (kurisumasu)、軽音節だけからなる五音節構造を作り出した。この構造に−3の規則が適用されると「ク**リス**マス」というアクセント型が作り出される。もし英語が同じ音節構造を入力したとしたら、ラテン語規則の (b) に従って ku.ri.sú.ma.su というアクセント型を選んだに違いない。

「ワ**シ**ントン (Wáshington)」という語は、これとは異なる理由で日英語のアクセント位置が異なる。この語は「ク**リス**マス」とは違い、挿入母音を含むわけではない。−3の規則を適用して、「ワ**シ**ントン」というアクセント型が作り出されただけである。実はこの構造にラテン語・英語の規則が適用されても、日本語と同じアクセント型が作り出される。つまり、語末から二つ目の音節 (shing) が[短母音＋子音]という重音節構造を持っているため、ラテン語・英語のアクセント規則は Wá.shing.ton ではなく、Wa.shíng.ton というアクセント型を予測するのである。このタイプの語は、英語の単語の中では例外的なアクセント型を持つとされる。語源的にはもともと二つの語が結合した複合語であり、ラテン語のアクセント規則ではなく複合語アクセント規則の適用を受ける。英語は複合語に対して、その最初の要素にアクセントを置き、たとえば White House（アメリカ大統領官邸）は Whíte House と発音されるから、Washing＋ton も同じ規則によって、Wá.shing.ton というアクセント型が作り出されるのである。

最後に A.mé.ri.ca のような語を見てみよう。この語は語末から二つ目の音節が軽音節(ri)であるから、英語はラテン語規則(b)に従って一つ前の音節(me)にアクセントを置く。これに対し日本語では、同じ語が「ア**メリカ**」と平板式で発音される。起伏式として処理されていたら$-^{3}$の規則が「ア**メ**リカ」というアクセント型を与えたはずであるが、この語は起伏式ではなく平板式として処理されている。先に、標準語アクセントの一番大きな問題は起伏式と平板式の区別であると述べたが、「アメリカ」という語は外来語としては珍しく平板式として処理されているのである。第3章で述べるように、この語は平板式となる条件を満たしているため、このようなアクセント構造を持つこととなった。起伏式として処理されていたら、英語と同じように「ア**メ**リカ」と発音されたはずである。実際、標準語と類似のアクセント体系を持つ広島弁などでは、よく「ア**メ**リカ」という発音が聞かれる。

標準語のアクセント変化

前節では、標準語のアクセント規則（$-^{3}$の規則）が英語やラテン語のアクセント規則とほぼ同じ内容・効果を持っていることを見た。ところで、音節構造が豊かな外来語のアクセントを統計的に分析してみると、平板式になるわけでもないのに-3の規則が働かない語群が観察される。たとえば次のような語である。

a　**カ**ラヤン、**ア**マゾン、**ラ**マダン、**ト**ロフィー

b　**イ**ンタビュー、**ゴ**ーリキー、**バ**ークレー

-3の規則に従うなら、「カ**ラ**ヤン」や「イ**ンタ**ビュー」というアクセント型を示すはずであるが、実際にはそうはならず、「**カ**ラヤン」「**イ**ンタビュー」のようにアクセントが一つ前の音節にくる。

このように-3の規則に合わない例を集めてみると、特定の構造に偏っていることがわかる。「**カ**ラヤン」などは表3(g)の構造(…LLH)、「**イ**ンタビュー」などは表3(e)の構造(…HLH)である。この二つの音節構造では、-3の規則に合わない前進型アクセント(**カ**ラヤン、**イ**ンタビュー)と、その規則に合致する次のようなアクセント型が併存している。

a　ビ**タ**ミン、ア**セ**アン、イ**エ**メン、パ**ト**カー、ピ**カ**チュウ、エ**ス**キモー

b　ク**ーデ**ター、バ**ーベ**キュー、カ**ンガ**ルー

表6　…LLH(LLHとLLLH)のアクセント分布

アクセント型	…LLH	…LLH	…LLH(平板)
生起頻度	14%	75%	11%

表7　HLHのアクセント分布

アクセント型	HLH	HLH	HLH(平板)
生起頻度	19%	62%	19%

つまり…LLHと…HLHの二つの構造では、−3の規則が予想するアクセント型と、その規則に合致しない前進型のアクセントがともに観察されるのである。

−3型アクセント　…LLH、…HLH
前進型アクセント　…LLH、…HLH

では、この二つのアクセント型はどのくらいの比率で観察されるのか。NHK(編)『日本語発音アクセント辞典』に出てくる千百余りの四モーラ、五モーラ外来語を表3の八つの音節構造に分けてそれぞれのアクセント型を調べてみると、…LLH、…HLHの二つの構造では−3型よりも前進型のアクセント型を示す語がはるかに多いという結果(表6・7)が得られる(田中二〇〇五)。ついでながら、表3の八つの音節構造の中で、−3の規則が働かなくなるのは…LLHと…HLHの二つの構造だけであり、他の六つの構造では、−3の規則が予測する通りのアクセント型がまだ比較的安定している。

では、どうして表3の八つの音節構造の中で、この二つの構造だけが−3の規則に従わないのか。これまでの研究では「ビ**タ**ミン」や「ク**ーデ**ター」のような一部のデータに目を奪われてしまい、−3の規則という誤った一般化をしてしまったのであろうか。それとも標準語が、…LLHと…HLHの二つの構造において−3の規則から離れる方向に変化してしまったのだろうか。データを詳しく見ていくと、後者の解釈が妥当であることがわかる。

まず第一に、−3型と前進型の間でアクセントが揺れている語群が見られる。たとえば次に示す語である。NHKのアナウンサーですら、話者間で、あるいは同一話者内で「レ**バ**ノン〜**レ**バノン」、(スペースシャトルの)「エ**ンデ**バー〜**エ**ンデバー」のような揺れを見せている。これらの例は、−3型と前進型の違いが比較的小さな違いであることを示唆している。

a　…LLHタイプ

レ**バ**ノン〜**レ**バノン、ド**ラ**ゴン〜**ド**ラゴン、エ**ネル**ギー〜エ**ネ**ルギー、ア**レル**ギー〜ア**レ**ルギー

b　…HLHタイプ

ミュ**ージ**シャン〜**ミュ**ージシャン、エ**ンデ**バー〜**エ**ンデバー、カ**ーディ**ガン〜**カ**ーディガン、ラ**ンデ**ブー〜**ラ**ンデブー、ハ**ンガ**リー〜**ハ**ンガリー

さらに、これらの揺れが生じる語を個人別に見てみると、年輩の話者に−3型のアクセント型が多く、若い世代に前進型アクセントが優勢であることがうかがえる。たとえば「ミュージシャン」という発音は中年以上の話者には珍しくないが、若者たちには稀である。高校生、大学生はほとんど「ミュージシャン」と発音している。このようなアクセントの世代差は、現代の標準語の中で、−3型から前進型へとアクセントが変化していることを示唆している。このことをもとに五十年、百年前の標準語を復元してみると、「ビタミン」や「クーデター」のような−3型が占める比率は表6・7の数値より高かったのではないかと推測される。

　ではどうして表3の八つの構造の中で…LLHと…HLHの二つの構造だけがこのようなアクセント変化を受けることになったのか。また、どうしてこの二つの構造では、アクセントが後ろではなく前の方へ動いたのであろうか。これらの疑問は、ラテン語のアクセントと標準語のアクセントを比較してみると氷解する。標準語とラテン語のアクセント規則はもともと6/8の構造において同じアクセント型を作り出すと述べたが、…LLHと…HLHは残りの二つの構造、つまりラテン語規則と標準語のアクセント規則が異なるアクセント型を作り出す構造なのである。表6・7のデータは、この二つの構造においても標準語がラテン語・英語の発音と同じになっていることを意味している。つまり、現代の標準語アクセント規則は、6/8ではなく8/8――つまり一〇〇パーセント――ラテン語・英語のアクセント規則と同じ内容を持つようになっているのである。

このような変化を生み出した力は何であろう。ここから先は推測の域を出ないが、一つの可能性は第二次世界大戦後の英語教育である。戦後、英語が義務教育に取り入れられ、皆が英語の単語とその発音を学習することになった。何百も英語の単語を覚える過程で、自然にそのアクセント規則も体得したということは十分に考えられる。もともと標準語のアクセント規則（−3の規則）は英語のアクセント規則とよく似たアクセント型を作り出す。表4・5で見たように、標準語と英語の違いはもともと2/8であるから、その違いに敏感になったとしても不思議ではない。…LLHや…HLHのように重音節（H）が多いのは外来語である。英語学習で習得したアクセント規則を外来語の発音に応用したとしても何ら不思議なことではないのである。

では、このような英語発音の「模倣」を単語ごとに行ったかというと、そうではなさそうである。−3型から前進型へのアクセント変化は、ほとんどの場合に英語と同じアクセント型を選ぶことになるが、中には「エネルギー、エネルギー（énergy）」「アレルギー、アレルギー（állergy）」のように−3型、前進型のいずれの発音も英語のアクセントと一致しない例がある。さらには「ミュージシャン」「エンデバー」のように、英語では真ん中の音節にアクセントを置いて発音される（mu.sí.cian, en.déa.vor）にもかかわらず、標準語の新しい発音ではアクセントを前に移動させたものもある。−3型の方が英語の発音と一致していたにもかかわらず、アクセントを前へ移動させているのである。

面白いことに、mu.sí.cian, en.déa.vor は、英語のアクセント体系では例外である。語末から二つ目の音節が軽い音節 (si[zi], dea[de]) であるから、ラテン語アクセント規則をそのまま適用すると mú.si.cian, én.dea.vor と最初の音節にアクセントを受けることが予想される。歴史的な理由から、これらの語は英語のアクセント規則の例外となっているのであるが、そのような語にまでも標準語話者は英語のアクセント規則を忠実に適用している。「**ミ**ュー ジシャン」「**エ**ンデバー」という標準語の新しい発音は、そのようなプロセスを想像させるのである。「エ**ネ**ルギー」や「ア**レ**ルギー」という語にも同じことが言える。ラテン語・英語の規則を忠実に適用すれば、e.nér.gy、al.lér.gy というアクセント型が作り出される。これらの語に日本語で起こったアクセント変化は、戦後の日本人が英語話者以上に、英語のアクセント規則を忠実に守っていることを示唆している。日本の英語教育は効果がない、失敗だったとよく言われるが、標準語のアクセント変化を見る限り、この解釈は妥当でないのではなかろうか。標準語のアクセント変化に英語教育の影響が読みとれるのである。

−3の秘密

最後に、標準語の−3の規則やラテン語アクセント規則の背後にどのような原理が働いているか考えてみよう。これまでの議論から、−3の規則はラテン語アクセント規則ともともと6/8の部分で同じであり、残りの2/8の部分も若い世代の発音ではほぼ同一のものになっているということがわかった。この二つのアクセント規則に共通するのは、語末から二つ目か三つ目の音節にアクセントを置こうとする特徴である。この特徴を逆の視点から見ると、次の(a、b)の原理が浮かび上がる。またラテン語アクセント規則からもわかるように、一モーラからなる軽い音節よりも、二モーラからできた重い音節の方にアクセントを担わせようとする。このことから(c)の原理が見えてくる。

アクセントの一般原理

a　語末音節にアクセントを置かない(非語末原理)。

b　語末から離れた音節にアクセントを置かない(語末接近原理)。

c　軽音節より重音節がアクセントを引きつける(重さの原理)。

実はこれらの三つの原理は、いずれも人間の言語に広範囲に観察される一般的な原理であることがわかっている。(a)は語末を避けようとする傾向を表し、(b)は逆に語末からあまり遠ざかることを避けようとする原理である。(c)は先に述べた応援団旗のたとえからもわかるように、アクセントを担うには一定以上の重さ(長さ)があった方がよいという原理である。

では、この三つの条件をすべて満たすにはどうしたらよいか。語末から二つ目の音節を重音節にして、そこにアクセントを置けばよい。つまり、…HLと…HHという二つの構造である。表3の八つの構造では、(a-d)がこの条件を満たしている。この二つの構造は、ラテン語のアクセント規則と標準語のアクセント規則がまさしく同じアクセント型を作り出すところであり、また、いずれの言語においてもアクセントに揺れが少なく、非常に安定したアクセント型を示す構造である。

これに対し、ラテン語と標準語の規則が異なるアクセント型を作り出す…LLHと…HLHの二つの構造は、…LHという構造を共有している。この構造に対して、語末から二つ目にあたる軽音節(L)にアクセントを置くと、重さの原理が満たされなくなってしまう。一方、その前や後ろの音節にアクセントを動かすと重さの原理は満たすかもしれないが、それぞれ語末接近原理、非語末原理に違反することになる。つまり…HLの構造とは違い、…LHではどこにアクセントを置いたとしても、48頁にあげた条件をすべて満たすことはできない。

重さの原理より語末接近原理を重視した結果が日本語の-3の規則(「ピ**カ**チュウ」「バ**ーベ**キュー」)であり、逆のケースがラテン語・英語の規則(Píkachu, bárbecue)である。

このように見てみると、ラテン語の規則と標準語の規則が…HLと…HHの構造で同一のアクセント型を作り出し、その一方で…LHの構造で異なるアクセント型を作り出すのは、偶然のことではないことがわかる。世界のアクセント言語に広範囲に見られる一般原理をすべて満たすことができる音節構造では、アクセントの言語間差異や言語内バリエーションが少なく、逆にすべて満たすことができない音節構造では、どの原理を優先させるかによって異なるアクセント型が生じる。英語と標準語の間の差異(たとえばPíkachu, bárbecueと「ピ**カ**チュウ」「バ**ーベ**キュー」の違い)や、標準語の中に見られる「ミュ**ージ**シャン〜**ミュ**ージシャン」のようなバリエーションは後者に属するもので、アクセント理論から予想されるものなのである。

ところで、…HLと…HHが安定した構造を作り出すという分析は、日本語のさまざまな現象を説明してくれる。まず、この二つの構造は赤ちゃん言葉(母親言葉)に特徴的なものである。赤ちゃん言葉の大半が二音節語であることはよく知られているが、そのほとんどは［重音節+軽音節］、［重音節+重音節］のいずれかの音節構造を持っており、またアクセントは最初の音節(正確には語末から二つ目の音節)に置かれる。

ＨＬ　**マ**ン・マ、**オ**ン・ブ、**ネ**ン・ネ、**ウ**ン・チ、**ダ**ッ・コ、**シ**ッ・コ、**ク**ッ・ク、
　　　ジージ、**バ**ーバ
ＨＨ　**ポ**ン・ポン、**コ**ン・コン、**ハ**イ・ハイ、**ブ**ー・ブー、**オ**ッ・パイ

面白いことに、この構造は英語の赤ちゃん言葉でも同じである。英語の赤ちゃん言葉も、①二音節が多い、②最初の音節がアクセントを持つ、③最初の音節が重音節となるという、日本語の赤ちゃん言葉と共通した特徴を持っている。

pée.pee（おしっこ）、wée.wee（おしっこ）、póo.poo（うんち）

赤ちゃんは「じじ」「ばば」から「じいじ」「ばあば」というＨＬの構造は作り出すが、「じじい」「ばばあ」というＬＨの構造は作らない。「じじい」「ばばあ」は子供心を失った大人の言葉であり、また大人の世界でも非常に悪いニュアンスを持っている。

ＨＬとＨＨの構造が好まれるのは赤ちゃん言葉だけではない。日本語の歴史をたどってみると、「じじ」タイプの音節構造を「じいじ」タイプに変える変化がいくつも観察される。

し・か　→　しい・か（詩歌）、ふ・き　→　ふう・き（富貴）、ふ・ふ　→　ふう・ふ

(夫婦)、み・つ　↓　みっ・つ(三つ)、よ・つ　↓　よっ・つ(四つ)、

ち・と　↓　ちょっ・と、あ・ち　↓　あっ・ち、こ・ち　↓　こっ・ち

また、次のように「じじい」タイプの音節構造を「ぽんぽん」タイプや「じいじ」タイプに変える傾向も見られる。

にょ・ぼう　↓　にょう・ぼう(女房)、じょ・おう　↓　じょう・おう(女王)、

き・ふう　↓　きっ・ぷ(気風)

ＨＬやＨＨの構造を作り出そうという力は、現代日本語にも観察される。たとえば、「ふんいき」(雰囲気)を「ふいんき」と発音する人たちが増えている。特に若者たちにその傾向は顕著で、関西の大学生を調査したところでは、半数以上の学生が「ふいんき」と発音しているという結果が出た。「不人気」をまねて「不陰気」などと書く若者も少なくない。自分では使わないまでも、「ふいんき」という発音を身近なところで聞いたことがあるかという質問に対しては、ほぼ全員がイエスと答えている。ほとんどの学生たちは「ふんいき」が正しいと知っていながら、何となく「ふいんき」と発音しているのである。

この「ふんいき」↓「ふいんき」という変化も、アクセントと同じ三つの一般原理で説明

できる。音節とアクセントの構造に注目してみると、「ん」と「い」を入れ替えることによって、HLLの構造(ふん・い・き)をLHL(ふ・いん・き)に変えていることがわかる。音節構造を変えるとアクセントの構造も変わり、規則に従ってLHLとなる。「ふん・い・き」は重さの原理を満たしていないが、「ふ・いん・き」は重さの原理を含めすべての条件を満たしている。言い換えるならば、「ふいんき」と発音することによって、語末部分に「まんま」や「ばあば」などの赤ちゃん言葉と同じHLの構造を作り出しているのである。これは、かつて「さんざか」(山茶花)が「さざんか」に変わったのと同じ変化である。今も昔もHLという構造を作り出そうとする力が働いていることがわかる。

若者言葉だけでない。外来語には促音(っ)がよく出てくるが、その現れ方にもHL、HHの構造が関わっている。たとえば英語の picnic という語を考えてみると、日本語に入るときに語末近くに促音を挿入する。英語の発音からは次の四つの借用形が予想されるが、日本語が選ぶのは(b)のLLHLという構造である。

a　ピ・ク・ニ・ク

b　ピ・ク・ニッ・ク

c　ピッ・ク・ニ・ク

d　ピッ・ク・ニッ・ク

「ピクニック」だけではない。一般に外来語は語末部分に促音を挿入することが知られている。たとえばcapは「キャッ・プ」となるが、captain, captionは「キャッ・プ・テン」「キャッ・プ・ション」とはならない。英語ではcaptain, captionのcapもcap(帽子)とほぼ同じ発音であるにもかかわらず、語末から離れているために日本語話者はそこに促音を感じないのである。英語の話者が不思議に思う日本語のこの現象は、音節構造を考えるとよくわかる。促音を入れて重音節を作るのに適した位置は、語末から二つ目の音節である。pic-nicやcapという語は日本語に入るときに語末に母音の挿入を受け、音節が一つ増える。それゆえ、その前の位置に促音を挿入するとＨＬという構造が作り出されることになる。一方、picnicのpicの部分やcaptainのcapの部分に促音が加わっても、語末にＨＬという構造が作り出されるわけではない。picnicのpicとnic、あるいはcapのcapとcaptainのcapが、日本語において異なる音形で借用されるのには、このような事情が考えられる。紙幅の関係でこれ以上の詳細には立ち入らないが、日本語には赤ちゃん言葉や外来語、若者言葉以外にも、音節構造の原理に支配されている現象は多い(窪薗二〇〇二)。

3 平板式アクセントの秘密

前二章では、標準語のアクセントが語全体を平たく発音する平板式と、ピッチが落ちる起伏式に大別されることを見た。起伏式アクセントが−3のアクセント規則に支配されていること、そのアクセント規則がラテン語や英語のアクセント規則とほぼ同じ内容・効果を持っていること、さらには、その規則を支配している一般的な原理が、アクセントの言語間差異や言語内バリエーションだけでなく、赤ちゃん言葉や言語変化をはじめとする諸現象の背後で働いていることを指摘した。標準語のアクセントについて残されているもう一つの大きな問題は、起伏式アクセントと平板式アクセントを決める要因は何なのか、換言すれば、どのような語が起伏式となりやすく、どのような語が平板式となりやすいかという疑問である。

この二つのアクセント型の中でも、平板式は日本語に特徴的なアクセント型と言われている。「アメリカ」(ア**メリカ**)、「広島」(ひ**ろしま**)などの発音からもわかるように、標準語の場合には、語頭でピッチを上げた後、語末までずっと平坦に発音する。「が」や「は」などの助詞がついてもその型は変わらない。外国人の耳には非常に単調に聞こえるそうであるが、彼らにはこの単調なアクセントがむずかしいようで、「広島」であれば「ひろしま」「ひろしま」のように、すぐにどこかの音節を高く際立たせて発音してしまう。平坦な音調で最後までずっと我慢することがむずかしいのか、外国人のタレントを含め日本語がかなり堪能な人でも、平板式の発音を一般に苦手としている。きわめて日本語的(日本人的?)なアクセント型なのである。

なぜ平板式アクセントが外国人にとってむずかしいかというと、これが「アクセント」の原則に反するからである。アクセントは「雨」-「飴」、「橋」-「箸」-「端」のような単語ペアを区別する機能(弁別機能)の他に、「単語のまとまりをつける」という大きな働きを果たしている。ちょうど学校のクラスに学級委員長がいて、チームにキャプテンがいるのと同じように、「単語」という言語学的な単位にも全体を統率するリーダーが必要となる。これがアクセントである。リーダーのいない集団は統率がとれなくなるように、アクセントのない単語も全体のまとまりがつかなくなり、前後の語との境界が不明瞭となる。全体を平坦なピッチで発音する平板式というアクセント型は、「単語のまとまり」という点ではこのようなデメリットをもたらすのである。平板式のようなメリハリのないアクセント型を許容する言語が少ないというのは、このような理由による。

このような理由で、平板式アクセントはあまり多くの言語に見られるわけではなく、多くの外国人にとって習得がむずかしいものの一つとなっている。ところが、標準語を話す幼児が平板式アクセントを間違えるかというと、そういうわけではない。平板式も含め、彼らは、単語を覚える段階で正しいアクセントも習得する。「好き」を「ちゅき」、「のんちゃん」を「のんたん」というように、個々の音をうまく発音できない子供であっても、アクセントを間違えることは稀である。英語でもそうであるが、母音や子音の発音が完成する前に、アクセントは習得される。では標準語の母語話者となる幼児は、どのようにして起伏式と平板式の区別を覚えるのか。単語一つ一つについて「これは起伏式、これは平板式」と覚えていくのであろうか。それとも何か法則があって、その法則を習得することで正しいアクセントで単語を発音できるようになるのか。これが、この章のテーマである。

ケイコとマナブ

どのような語が起伏式(つまり−3のアクセント型)となり、どのような語が平板式となるかは、日本語アクセント研究でも一番の難問であるが、単語の構造からある程度は予想することができる。とりわけ、人名については具体的な規則が存在する。表8・9にあげた例を見てみよう。

表 8　起伏式アクセントの名前

a	春子(**は**るこ)，夏子(**な**つこ)，秋子(**あ**きこ)，冬子(**ふ**ゆこ)
b	春奈(**は**るな)，明菜(**あ**きな)，玲於奈(**れ**おな)
c	春樹(**は**るき)，夏樹(**な**つき)，冬樹(**ふ**ゆき)，秀樹(**ひ**でき)
d	春也(**は**るや)，夏也(**な**つや)，秋也(**あ**きや)，冬也(**ふ**ゆや)
e	吉次(**き**ちじ)，晋司(**し**んじ)，浩治(**こ**うじ)，寛二(**か**んじ)

表 9　平板式アクセントの名前

a	春男(は**るお**)，夏男(な**つお**)，秋男(あ**きお**)，冬男(ふ**ゆお**)
b	春美(は**るみ**)，夏美(な**つみ**)，秋美(あ**きみ**)，冬美(ふ**ゆみ**)
c	春江(は**るえ**)，夏江(な**つえ**)，秋江(あ**きえ**)，冬江(ふ**ゆえ**)

標準語では表8の語はすべて起伏式(−3型)、一方、表9の語はすべて平板式で発音される。正確に言うと、「こ」(子)や「な」(奈、菜)、「き」(樹、喜)、「や」(也、哉)、「じ」(次、二、司、治)で終わる語は原則として起伏式で発音され、「お」(男、雄、夫)や「み」(美、実、巳)、「え」(江、枝、恵)で終わる語は原則として平板式で発音される(ただし「恵美」「由美」のように一モーラの要素につく場合は高低の起伏式となる)。「冬也」「冬男」「秋美」「冬江」のような馴染みのない語までもそれぞれ「夏也」「春男」「春美」「春江」と同じアクセント型で発音するのは、そのような規則が標準語を話す話者の頭の中に備わっているからに他ならない。

なぜ「子」が起伏式を作り出し、一方「男」が平板式を作り出すのか、その理由はわからない。

しかし、「子」で終わる名前は起伏式、「男」で終わる名前は平板式」という規則が話者の頭の中にあることは確かなことである。「(湯川)秀樹」や「(江崎)玲於奈」「(白川)英樹」「(野依)良治」の各氏の名前を高低低のアクセント(**ひ**でき、**れ**おな、**りょ**うじ)で発音するのは、このような規則の働きによる。

表8・9で見たのは三モーラの名前であるが、四モーラの名前はどうであろう。第1章の冒頭にあげたノーベル賞受賞者の名前を見てみると、次のように分布している。

a　起伏式

ま**さ**とし(昌俊)、や**す**なり(康成)

b　平板式

え**いさく**(栄作)、け**んいち**(謙一)、こ**ういち**(耕一)

四モーラの名前のアクセントを一般化することはむずかしいが、「謙一」「耕一」のように「一」で終わる名前については次のような規則が存在する。ここで重音節と呼んでいるのは、ラテン語などの場合と同じで、二モーラの重さ(長さ)を持つもの、つまり長母音・二重母音を含むか、あるいは短母音の後に撥音(ん)ないしは促音(っ)が続く音節である。

「…一」のアクセント規則

a　前の要素が軽音節一つか、あるいは軽音節二つであれば起伏式($^{-3}$型)

(例)**よ**いち(与一)、**き**いち(喜一)、ひ**こ**いち(彦一)、か**つ**いち(勝一)

b　前の要素が重音節であれば平板式

(例)け**んいち**(謙一)、し**んいち**(真一)、こ**ういち**(耕一)、しょ**ういち**(勝一)

(a)の構造では高低低の$^{-3}$型が作り出され、(b)の構造では平板式が作り出される。同じ「勝一」という漢字でも、「かついち」と読めば起伏式となり、「しょういち」と読めば平板式に属することになる。この場合も、どうして(a)の構造が起伏式で、(b)の方が平板式となるのかはわからないが、このような規則が話者の頭の中にあり、「謙一」「耕一」のアクセント型を決めていることは確かなことであろう。

次に利根川進氏の「進」がどうして平板式となるかを考えてみよう。このように漢字一字で表記される名前を列挙してみると、次のようなアクセントの分布が観察される。表10は起伏式($^{-3}$型、つまり高低低)で発音され、表11は平板式(つまり低高高)で発音される。両者の背後にある規則がわかるだろうか。

表10の名前は「し」や「か」で終わるものが多く、表11の名前はuという母音で終わる語

表 10　起伏式アクセントの名前

明《あきら》, 貴《たかし》, 清《きよし》, 等《ひとし》, 堅《かたし》, 正《ただし》, 猛《たけし》, 諭《さとし》, 均《ひとし》, 斉《ひとし》, 静《しずか》, 遥《はるか》, 清《さやか》

表 11　平板式アクセントの名前

進《すすむ》, 保《たもつ》, 学《まなぶ》, 勤《つとむ》, 勉《つとむ》, 実《みのる》, 守《まもる》, 茂《しげる》, 勝《まさる》, 薫《かおる》, 香《かおる》, 忍《しのぶ》, 恵《めぐみ》, 望《のぞむ》

が多いことに気がつくかもしれない。ここまで気がついた人はもう一歩進んで、名前の元になった単語の品詞を考えてみよう。ここまでヒントを与えられると、次のような規則に気がつくに違いない。

「明」と「進」のアクセント規則

形容詞、形容動詞から派生した名前は起伏式となり、一方、動詞に由来する名前は平板式となる。

表10の名前に「し」や「か」で終わるものが多いのは、形容詞と形容動詞に由来する名前にそれぞれ「し」と「か」で終わるものが多いからである。「明」のように「し」や「か」で終わらなくても、形容詞・形容動詞から派生したものは起伏式(-3型)となる。また、表11にuで終わる語が多かったのも、動詞に由来する名詞がそのような音声特徴を持つことが多いからである。本質的なことは「動詞に由来する」ということであり、「恵」を「めぐみ」と読んでも「めぐむ」と読んでもアクセントは同じ(平板式)になる。

利根川進氏の「進」が平板式アクセントで発音されるのも、この語が動詞「進む」から派生していることによる。マラソン選手として名をはせた宗兄弟《そう》(宗茂、宗猛)が「茂」《しげる》(平板)と「猛」《たけし》(起伏)に分かれるのも、同じ規則が適用された結果である。また同じ「猛」でも「たけし」と形容詞的に読めば起伏式であるが、「たける」と動詞的に読めば平板式となる。これも同じ規則による。この規則が標準語を話す人の頭の中にあり、彼らはこの規則を操って、名前を発音しているのである。

もっとも、意味(品詞)とアクセントの間になぜこのような相関関係があるのか、その理由はよくわからない。たとえば、形容詞・形容動詞がもともと起伏式で、動詞がもともと平板式であるというような規則は見あたらない。名前の元になっている動詞を考えてみても、次のように起伏式と平板式の両方が観察される。アクセント規則の中身はわかっても、その規則を作り出している原理はいまだ謎である。

a　起伏式動詞　たも**つ**、つ**と**め**る**、しげ**る**

b　平板式動詞　す**すむ**、ま**なぶ**、か**おる**

ここまでは主に、姓名の名の部分のアクセントがどのようにして決まっているか見てきた。姓のアクセントはさらに複雑で、予測できない部分が多い。たとえば、どうして「湯川、朝永、江崎、白川、野依《のより》、小柴、佐藤」が起伏式で、「川端、福井、利根川、大江、田中」が平板式となるのか、法則を見つけだすのはむずかしい。後述するように四モーラの名詞は三モーラの名詞より一般に平板になりやすい傾向がある(次節)。人名にもその傾向は認められるのかもしれないが、それは規則ではなく一般的な傾向にすぎない。次の例のように、同じ要素(漢字)で終わる名前でも起伏式になるものと平板式になるものが存在する。

a　起伏式　湯川、米川、佐藤、野中

b　平板式　小川、利根川、伊藤、田中

これは地名の場合も同じで、「福島、徳島、岡山、長野」のように起伏式となるものがある一方で、「広島、鹿児島、篠《ささ》山、中野」のような平板式のものも存在する。両者を分けている違いが何なのか、よくわからない。

「田」で終わる姓は、「だ」と濁る場合には「島田、今田、松田、吉田、芦《あし》田、沢田」の例のように平板式となりやすく、濁らない場合には「柴田、杉田、富田、有田、作田」のように起伏式(−3)となりやすいと言われているが、これも全体的な傾向である。「黒田(くろだ)」のように「だ」と濁っても起伏式になるものもあるし、「中田」(なかた、なかだ)のように「だ」と濁っても濁らなくても平板式になる語もある。規則として一般化するのはむずかしい。

表 12　標準語 3 モーラ名詞の語種別アクセント型の生起頻度

語種＼アクセント型	起伏式	平板式
和語	29％(**い**のち)	71％(ね**ずみ**)
漢語	49％(**普**段)	51％(不**断**)
外来語	93％(**ケ**ーキ)	7％(ピ**アノ**)

普通名詞の平板式アクセント

起伏式と平板式を分ける基準は、普通の名詞の場合にも明確ではない。それでも、単語の種類(語種)や長さを考慮すると、一定の傾向を読みとることができる。まず、単語の種類を和語、漢語(中国語からの借用語)、外来語(中国語以外の言語からの借用語)の三つに分けると、この順番で平板式アクセントが多い。つまり、日本語で古いほど平板式の比率が高くなる傾向が見られる。たとえばアクセント辞典に出てくる三モーラの名詞(七九三七語)をすべて調べてみると、表12の結果が得られる(( )内は語例)。和語は七割が平板式アクセントとなるが、外来語の平板式アクセントは一割にも満たない。漢語は平板式と起伏式が五分五分というところである(Kubozono 2006a)。

このように、外来語は和語や漢語とは大きく異なる平板率を示すが、その一方で単語の長さとの関係では共通した特徴を示す。表13のデータからわかるように、外来語も和語・漢語も、

表 13 和語・漢語と外来語のモーラ別平板率

単語の長さ ＼ 語種	3モーラ	4モーラ	5モーラ	平均
和語＋漢語	53%	66%	30%	54%
外来語	5%	19%	8%	13%

四モーラという長さで一番平板率が高くなっている。和語・漢語の傾向を外来語が模倣したような分布である。

なぜ四モーラの語が高い平板率を示すのか、その理由はよくわかっていない。わかっているのは、日本語の単語でもっとも多いのが四モーラの長さの語であるということと、その長さの語が他の長さの語に比べて平板式になりやすいということである。

一方、五モーラ以上の長さの語になると平板式の比率が格段に低くなる。五モーラ以上の和語や漢語は基本的に複合語――つまり複数の語が結合した形――であり、複合語は特定の条件を満たす場合を除き平板式にはならない。標準語の場合、複合語のアクセント型は最後の要素によってほぼ決まるが、平板式アクセントを作り出す要素は限られている。(a)に起伏式複合語の例を、(b)に平板式複合語の例をあげる。傍線部は平板式アクセントを作り出す要素である(「新分野」「新新党」は「新＋分野」「新＋新党」という構造を持っており、最終要素は「野」「党」ではない)。

a　起伏式

み**やぎ**さん（宮城山）、そ**つぎ**ょうしき（卒業式）、よ**ね**んせい（四年生）、あき**た**けん（秋田県）、し**け**んかん（試験官）、ち**のみ**ご（乳飲み子）、あ**かいえ**か（アカイエ蚊）、カ**ルデラ**こ（カルデラ湖）、しん**ぶ**んや（新分野）、しん**しん**とう（新新党）

b　平板式

み**やぎさん**（宮城産）、お**ぎのしき**（荻野式）、よ**ねんせい**（四年制）、あ**きたけん**（秋田犬）、し**けんかん**（試験管）、に**ほんご**（日本語）、しょ**うにか**（小児科）、に**ほんが**（日本画）、し**んぶんや**（新聞屋）、し**んしんとう**（新進党）、ね**ずみいろ**（ねずみ色）

同じ「さん」という音でも「山」と「産」は異なるアクセントの複合語を作り出す。「産」の方が平板式を作り出すのである。これは「生」と「制」、「県」と「犬」、「官」と「管」などでも同じである。「式」の場合には、意味によってアクセントが異なっており、「卒業式」「入学式」のように「儀式」の意味の「式」は起伏式アクセントをとり、一方「平板式」や「荻野式」のように「形式」「方式」の意味の「式」は平板式の複合語をそれぞれ作り出す。一～二モーラ要素の振る舞いを統計的に見てみると、「…山」「…生」のように起伏式複合語を作り出す要素の方が「…産」「…制」のような平板式複合語を作り出す要素よりもはるかに多い。また、三モーラ以上の長さの最終要素には平板式複合語を作り出すものはない。このことから、言語獲得期の子供たちは「語」や「色」のような平板式複合語を作り出す要素(平板化形態素)を一つ一つ覚えていくのではないかと推測される。

外来語には複合語でなくても五モーラ以上の長さとなるものが存在する。その中で平板式アクセントをとるのは、語尾に特定の音形を持つものが多い。[ia]や[ingu]、[in]という音形を持つもので、このような要素で終わる外来語は、五モーラ以上の長さであっても平板式アクセントを作り出す傾向が強い。このような場合でも、子供たちは「イア」や「イング」などを平板化形態素とマークしてアクセントを覚えていくのであろう。

a [ia]カ**リフォルニア**、カ**レドニア**、ル**ーマニア**、タ**ンザニア**

b [ingu]チュ**ーニング**、セ**ンタリング**、ア**イドリング**、レ**コーディング**

c [in]ア**ドレナリン**、ペ**ニシリン**、ロ**キソニン**、オ**リザニン**

このように比較的長い語の場合にはアクセント型の予測が可能となるが、四モーラ以下の短い語では起伏式となるか平板式となるかを予測することはむずかしい。しかしいずれの場合でも、起伏式・平板式のいずれのタイプをとるかということがわかれば、実際のアクセント型はかなりの確率で予測できる。起伏式であれば第1章で述べた$^{-3}$の規則に従うもの(たとえば「オ**ースト**リア」)がほとんどであり、原則として語末から三つ目と二つ目のモーラ間でピッチが下がるのである。

カラヤンとカンヤラ

平板式アクセントが四モーラ語に多いということは以前から知られていた。この長さの要素とならんでよく言われるのが、言葉の馴染み度、慣用度である。一般に、よく使われる語、馴染みの高い語ほど平板式になると言われている。この説はある程度正しい。名古屋の人は「名古屋」という語を「な**ごや**」と平板式に発音すると言われている。名古屋に限らず、地元の地名を平板式で発音する傾向はたしかに見られる。また、音楽部の人は「**ド**ラム」(=太鼓)を、水泳部の人は「**メ**ドレー」をそれぞれ平板(ド**ラム**、メ**ドレー**)に発音するというように、自分に馴染みのある語に平板式アクセントを与える傾向があるのもたしかである。パソコンに馴染みのある人であれば、「ファイル、メール、ワード、エクセル、モニター、ディスク」といったパソコン関係の語を平板で発音する傾向が強い。

このように馴染み度と平板式アクセントはある程度関係しそうなところであるが、その一方で、馴染み度以上に大きな要因も存在する。たとえば次のカタカナ語は標準語でどのように発音されるだろうか。ほとんどの人が次のように平板で発音するのではなかろうか。

パラマサ、ホ**ジョモド**、カ**ンヤラ**、ホ**ンジョラ**

これらの語はカタカナを適当に並べて作った無意味語、新造語である。誰にとってもはじめて目にする語のはずであるが、標準語や大阪弁の話者の多くはこれらをはじめから平板式で発音する。かりに−3のアクセント規則をあてはめて「パ**ラ**マサ、ホ**ジョ**モド、**カ**ンヤラ、**ホ**ンジョラ」のような起伏式にして発音すると違和感を覚えてしまい、何か「座りが悪い」という印象を持つようである。

このような馴染み度ゼロの語に対して平板式アクセントを与えるのはなぜか。それは、語の長さと音節構造が平板式アクセントを作り出す要因となっているからである。表13で四モーラの語が平板率が高いことを見たが、今見た「パラマサ」などの語はすべて四モーラ語である。次のように一モーラ加えて五モーラの長さにしてしまうと、とたんに平板式アクセントから起伏式アクセントへ変わってしまう。

タ**パラ**マサ、デ**ホジョ**モド、ト**カ**ンヤラ、ラ**ホ**ンジョラ

また、「パラマナ」タイプの語の音節構造を少し変えて、語末を重音節にしてしまうと、また平板式が消えてしまう。第2章で述べた「**カ**ラヤン」のアクセントを作る規則に従って、

起伏式アクセントが作られるのである。つまり、語末に重音節を作ると、四モーラの語でも平板ではなくなってしまう。

パ・ラ・マー、ホ・ジョ・モー、カン・ヤン、ホン・ジョン

無意味語を使った実験から、次の二つの構造が平板式アクセントを作り出す要因であることがうかがえる(Kubozono 1996)。

カタカナ語平板式アクセントの法則(生起条件)

ａ　四モーラであること

ｂ　語末が軽音節の連続であること

無意味語だけではない。この二つの条件が平板式アクセントを作り出すことは、アクセント辞典に掲載されている外来語(カタカナ語)の分析結果からも実証できる。ＮＨＫ(編)『日本語発音アクセント辞典』に載っている四モーラ外来語(計九三五語)を音節構造に分けてアクセント(平板率)を分析してみると、音節構造とアクセントとの間に表14のような関係が出てくる。ここでもＨは二モーラからなる重音節(つまり「ん」「ー」「っ」のような特殊モーラを含む音節)を、Ｌは一モーラからなる音節(つまり特殊モーラを含まない音節)を表す。

表14 4モーラ外来語における音節構造と平板率の関係

音節構造	LLLL	HLL	LHL	LLH	HH	平均
平板率	54%	45%	24%	19%	7%	29%
語例	マ**カロニ** ト**ラ**ブル	**マイナス** **マ**イルド	ベ**ランダ** マ**リ**ンバ	ペ**リカン** ス**ト**ロー	ア**イロン** **ナ**イロン	

語例の中で上段は平板式、下段は起伏式となる例である。

このデータからもわかるように、単語の音節構造がアクセントに及ぼす影響は歴然としている。語末に重音節を含む構造——LLHとHH——は平板率が低い。とりわけ、HHという重音節が連続する構造は極端に平板式アクセントをとりにくくなる。一方、LLLLという、まったく重音節(H)を含まない構造は非常に高い平板率(五四パーセント)を示す。これは四モーラ和語・漢語の平板率(六六パーセント)に近い。一般に外来語の平板率が低いといっても、このLLLLという構造の外来語に関する限り、和語にきわめて近い平板率を示すのである

音節構造によってこのようにアクセント型が異なってしまうことは、いろいろなところで実感できる。「**カ**・ラ・ヤン」(LLH)は起伏式であるが、音の順序を少し変えて「カン・ヤ・ラ」「カン・ラ・ヤ」(HLL)にすると、とたんに平板式になってしまう。順序を変えるのであっても、「カ・ラン・ヤ」「カ・ヤン・ラ」というLHLの構造にすれば、第2章で論じたアクセント規則が働いて−3型

(カ**ラ**ンヤ、カ**ヤ**ンラ)となる。

これは起伏式の実在語から平板式の無意味語を作り出した例であるが、逆に「アメリカ」「イギリス」のような平板式の実在語(ともにLLLLの構造)をもとに、その音節構造を変えるとどうなるであろう。語末を「ん」や「ー」にして、重音節を作ってみると、「**ア**・メ・リー」「**イ**・ギ・リン」のように起伏式となってしまう。これは「**カ**・ラ・ヤン」と同じアクセント型である。

このような例は数限りなく存在する。同じもの(人)を指す場合でも、単語の長さと音節構造という二つの条件が整えば平板化し、そうでなければ起伏式となる。

(平板式)　マ・**ラ**・**ド**・**ナ**、エ・**ド**・**ベ**・**リ**、イ・**タ**・**リ**・**ア**

(起伏式)　マ・**ラ**・**ドー**・ナ、**エ**・ド・バー・グ、イ・**タ**・**リー**

スポーツが好きな人は、外国のチーム(ペルージャ、ユベントス、カリアリ、フィオレンティーナ、ボローニャ、ベネチア、パルマ、エンポリ)や選手の名前を発音してみたらよい。あるいは、外国の地名(オハイオ、アリゾナ、オレゴン、アイオワ、ワシントン、アイダホ、マサチューセッツ、ミズーリ、ユタ、フロリダ、ミシガン)を思い出してみるとよい。「四モーラで、語末に軽音節が連続する」という条件が平板式アクセントを作り出しやすいことが実感できる(ちなみに前記のチーム名ではカリアリとベネチア、エンポリ、地名ではアリゾナ、アイオワ、アイダホ、フロリダがこの二条件を満たす)。単語の馴染み度とは関係なく、単語の長さと音節構造によってアクセント型が決まることが実感できるはずである。

同じ法則は次のようなアルファベットの頭文字語にも現れる。FA、JR、PTA、NHKなどの頭文字語は和製かどうかという出自を問わず、最終要素にアクセントを置くという英語のアクセント構造(FÀ, PTÀ)を継承している。

エ**フエ**ー(FA)、イ**ーティ**ー(ET)、ピ**ーティーエ**ー(PTA)、エ**スビ**ー(SB)、
ジェ**ーア**ール(JR)、エ**ヌエイチケ**ー(NHK)、ティ**ービーエ**ス(TBS)

ところが、先に述べた平板式アクセントの法則に従うものは、非常に高い確率で平板化する(Kubozono & Fukui 2006)。

エ**フエム**(FM)、エ**ルエル**(LL)、エ**スエフ**(SF)、エ**スエル**(SL)、
ビ**ーエス**(BS)、オ**ーエル**(OL)、シ**ーエム**(CM)、ジ**ーエム**(GM)

では、同じ外来語でもなぜ音節構造によって、アクセント型にこのような大きな違いが生じるのか。LLLLの平板率が高くなるのは、一つにはこれが和語の音節構造だからである。

和語には重音節が少なく、軽音節の連続からなることはすでに述べた。歴史的な理由から和語に重音節が生じることは稀であり、とりわけ語末に生じることはほとんどない。つまり、四モーラ和語のほとんどはＬＬＬＬもしくはＨＬＬという構造を持っている。そして、そのような音節構造を持つ四モーラ和語の大半が平板というアクセント構造を持っている。外来語の場合にも、この和語特有の音節構造になると、和語特有のアクセント構造をとるのである。つまり、「外来語は起伏式、和語は平板式」という法則があるのではなく、外来語でも音韻構造が和語的になれば、アクセントも和語的になる。表14のデータは、そのことを物語っている。

では逆に、重音節が出てくると、どうして平板になりにくくなるのか。その答えは第2章で述べた「重さの原理」と関係するように思われる。日本語だけでなく言語一般に、重音節が軽音節よりアクセントを引きつけやすい傾向が観察される。同じ位置に現れる場合でも、重音節の方が軽音節よりもアクセントを担いやすい。平板式アクセントという特殊なアクセント型を許容する日本語の場合、アクセントが重音節を含む語に置かれやすいということが考えられる。語末の構造を見て、そこに重音節があればその語にアクセントを与えるという算術である。東京方言ではアクセントの位置が語末から計算されるから、語末の音節構造を見て起伏／平板という基本的なアクセント型の選択を行っていることは十分に考えられる。

語末の重音節をもとに起伏式と判断されれば、アクセント規則(−3の規則)によって然るべき音節にアクセントが与えられ、平板式と決まれば平坦なアクセント型が与えられる。語末の重音節が起伏式アクセントを作り出す背後には、このようなメカニズムが働いていると思われる。

和語の場合には、ほとんどの単語が語末に軽音節を持つから起伏式になりにくくなり、平板式へ走る。和語がもし語末に重音節を持っていたら、外来語と同じようにアクセントを持つようになることが予想されるのである。

大阪弁のアクセント

面白いことに、標準語に見られる音韻構造とアクセントの相関関係は、大阪弁でもほぼ同じ形で観察される(Kubozono & Fukui 2006)。たとえば杉藤美代子(編)『大阪・東京アクセント音声辞典』に掲載されている外来語を調べてみると、大阪弁でも四モーラ語が三モーラ語や五モーラ語よりはるかに平板率が高い(表15)。全体に標準語ほどの高さはないが、語の長さによって平板率が大きく異なり、四モーラ語の平板率が突出している構図は標準語と変わらない。

次に同じデータを使って音節構造との関係を探ってみると、ここでもまた標準語とよく似

表 15　外来語（大阪弁）のモーラ別平板率

単語の長さ	3モーラ	4モーラ	5モーラ	平均
平板率	3%	16%	5%	9%

表 16　4モーラ外来語における音節構造と平板率の関係（大阪弁）

音節構造	LLLL	HLL	LHL	LLH	HH	平均
平板率	39%	20%	12%	8%	5%	16%

た傾向が見られる（表16）。つまり、語末にＬＬの構造を持つ四モーラ語、とりわけ語全体がＬの連続からなるものが高い平板率を示す。逆に、語末にＨの音節を持つもの、中でも語全体がＨの連続からなる外来語は平板率が低くなり、起伏式アクセントをとる。ここでも東京より平板率は落ちるが、音節構造との対応関係は東京と基本的に同じである。また、73頁で紹介したＦＭ、ＳＬなどのアルファベット頭文字語についても、大阪弁は標準語と同じ平板化傾向を示す。

4 鹿児島弁のアクセント

これまで日本語の中でも標準語に焦点を絞ってアクセントの規則・現象を見てきた。未解決の問題が少なからずある一方で、整然とした規則の体系があり、標準語の話者はその規則に従ってそれぞれの語を然るべきアクセントで発音していることがわかった。言語獲得期の子供たちも、そのような規則を習得することによって、短期間のうちに母語のアクセント体系を獲得していくものと思われる。

アクセントに規則があるのは、もちろん標準語だけではない。どの方言も立派なアクセントの体系を持っている。文化人類学ではないが、どの文化も体系の美しさという点では等価である。日本では経済格差や過去の中央集権的な言語政策によって、地方の言葉は標準語より汚い、あるいは劣っているという先入観が強く存在しているが、これはまったくの誤りである。本章では、筆者の母語である鹿児島弁を例に、地方の方言にも見事な規則の体系があることを解説してみたい。鹿児島弁のアクセント体系は標準語の体系とは大きく異なる。同じ言語とは思えないほど異なっているのであるが、鹿児島弁には鹿児島弁独自の体系が存在する。標準語の論理で見ると混沌としているように見えても、鹿児島弁には鹿児島弁の論理があり、その視点から見ると実に美しい体系であることがわかる。

春子と夏子

鹿児島弁のアクセントは標準語や大阪弁の視点で見ると混沌としているように見える。たとえば「子」がつく名前を見てみると、次のようになる。

a　な**つ**こ(夏子)、ふ**ゆ**こ(冬子)、た**え**こ(妙子)、す**ぎ**こ(杉子)
b　はる**こ**(春子)、あき**こ**(秋子)、のぶ**こ**(信子)、まつ**こ**(松子)、あい**こ**(愛子)
c　**じゅん**こ(順子)、**ぎん**こ(銀子)、**しょう**こ(祥子)、**しゅう**こ(修子)

(a)の語は語末から二つ目のモーラが高くなり、(b)は語末モーラが高くなっている。さらに(c)は、語末から二つ目と三つ目のモーラが高くなっている。「…子」という名前に三つのアクセント型が存在しているように見えるのである。第3章で述べたように、標準語では「子」で終わる名前はすべて起伏式となり、全体が三モーラの長さであれば−3の規則に従って高低低と発音される。この単純な規則に比べると鹿児島弁のアクセントは複雑なように見える。同じ「子」で終わっている語が三つのアクセント型に分かれるように見えることから、何も規則が働いていないのではないかとさえ思われるかもしれない。

しかしこれは、標準語の論理で見たときの結果である。標準語の論理を捨ててまったく別の視点から見てみると、鹿児島弁には標準語以上に単純な法則・原理が働いていることがわかる。その法則とは次の三つである(平山一九五一、木部一九九七、二〇〇〇)。

鹿児島弁のアクセント特徴

a　語末から数えて二つ目が高い型と、最後が高い型の二つしかない(二型体系)。

b　モーラではなく音節で数える(音節方言)。

c　複合語は最初の要素のアクセント型を継承する(複合法則)。

「語末から数える」というのは標準語や大阪弁と同じ原理である。他の多くのアクセント言語と同じように、鹿児島弁も後ろから数える。しかし標準語や大阪弁とは違い、鹿児島弁の名詞にはアクセント型が二つしかない。普通名詞でも固有名詞でも、「な**つ**こ」のように語末から二つ目が高くなる型と、「はる**こ**」のように語末が高くなる型の二つのアクセント型しか存在しないのである。この二つの型は伝統的にA型、B型と呼ばれている(これは先日亡くなられた日本語方言研究の大家、平山輝男博士の命名という)。第1章で見たように、標準語ではnモーラの語に(n＋1)個のアクセント型が存在する。三モーラ名詞であれば起伏式の三つの型(「いのち」「こころ」「おとこ(が)」)と平板式(「ねずみ(が)」)の、合計四つのアクセント型が許容されるのである。これに対して鹿児島弁では、いくら単語が長くなっても、A型とB型の二つの型しか存在しない。この点において、鹿児島弁のアクセント体系の方が標準語の体系より単純ということになる。

では「じゅんこ」や「しょうこ」などのケースはどうなるのか。語末から二つ目と三つ目がともに高くなっているように見えるが、実は「じゅんこ」は「なつこ」と同じアクセント型である。その秘密は、単語の長さを「モーラ」ではなく「音節」で数えるところにある。すでに第1章で述べたように、モーラはかな文字にほぼ対応する発音の単位で、「なつこ」も「じゅんこ」「しょうこ」も三モーラの長さを持つ(「じゅ」「しょ」は二文字で書くが、小さい「ゅ」「ょ」はカウントされない)。これに対し、音節は基本的に母音の数によって決まる単位である。この基準で数えると「な・つ・こ」は三音節となり、「じゅん・こ」「しょう・こ」は二音節となる。「ん」は単独では音節を構成せず、「しょう」は長母音を含むから一音節と数えられる。このように音節で区切っていくと、「な・つ・こ」も「じゅん・こ」も語末から数えて二つ目の音節が高くなっていることがわかる。つまり音節で数えると、両者は同じアクセント型なのである。鹿児島弁のアクセント型を、音節という単位を使って再定義すると次のようになる。

A型　語末から二つ目の音節が高くなる。

B型　語末音節が高くなる。

語末から数える点では鹿児島弁は標準語や大阪弁と同じである。しかし、両者は「どのような単位で数えるか」という点において大きく異なっている。標準語・大阪弁ではモーラで数え、鹿児島弁では音節で数える。これはちょうど、物の長さをインチで測るかセンチメートルで測るかという違いに似ている。日本の方言では標準語・大阪弁のようにモーラで測る方言の方が多く、鹿児島弁は完全な少数派である。しかし世界の言語に範囲を広げると、鹿児島弁のように音節単位で測る言語の方が多く、標準語や大阪弁のようにモーラで数える言語がむしろ少数派となる。長母音や二重母音を二単位に数えたり、「ん」や「っ」を独立させて一つに勘定する言語は少数派なのである。鹿児島弁は、日本では少数派、世界では多数派に属すると言える。

次に、「な**つ**こ」と「はる**こ**」の違いはどうなるか。標準語では「春子」も「夏子」も「子」で終わっているから同じアクセント型(高低低の起伏式)となる。これに比べると、「な**つ**こ」と「はる**こ**」のように二つのアクセント型に分かれる鹿児島弁は少し複雑なように見えるが、実はそうではない。標準語と鹿児島弁では複合語のアクセントを決める原理が異なっている。標準語の複合語アクセントは最後の要素で決まり、この要素が同じであれば、原則として同じアクセント型が作り出される。たとえば「子」で終わる名前はすべて起伏式、「男」で終わる名前は平板式となる。これに対して、鹿児島弁の複合語は最初の要素によってアクセントが決まる。最初の要素がA型であれば複合語全体がA型となり、B型であれば複合語全体がB型となる。「な**つ**こ」と「**じゅん**こ」がA型となり、「はる**こ**」がB型となるのは、次のように最初の要素がもともとA型、B型でそれぞれ発音されるからである。本書では、この法則を発見した平山輝男博士の名をとって「平山の法則」と呼ぶことにする。

A型　な**つ**(夏)、**ふ**ゆ(冬)、**た**え(妙)、**す**ぎ(杉)、**じゅ**ん(順)、**ぎ**ん(銀)、**しょ**う(祥)、**しゅ**う(修)

B型　は**る**(春)、あ**き**(秋)、の**ぶ**(信)、ま**つ**(松)、**あい**(愛)(注)

[注]「あい」は一音節であり、一音節のB型は全体が高く発音される。

たとえば「春子」と「夏子」が異なるアクセント型を持つのは、「春」と「夏」のアクセントが違うからである。「春」は語末音節が高くなる型(B型)、「夏」はその前の音節が高くなる型(A型)であり、「春子」は「春」の、「夏子」は「夏」のアクセント型を継承する。もちろん「子」がつく語だけではない。「男」がついても、あるいは「休み」や「休み中」がついても、平山の法則によって複合語全体のアクセント型が決まる。最初の要素のアクセント型が複合語全体に浸透するのである。

3

a　は**る**、はる**こ**、はる**お**、はるやす**み**、はるやすみ**ちゅう**

b　**なつ**、な**つ**こ、な**つ**お、なつや**す**み、なつやす**み**ちゅう

平山の法則があてはまるのは複合語だけではない。「が」や「から」「まで」のような助詞がついても、同じ文節内であれば複合語と同じ法則が働く。「春」と「夏」を例にとると、次のようになる。

は**る**(春)　はる**が**、はるやす**み**、はるやすみ**が**、はるやすみか**ら**、はるやすみま**で**、
はるやすみちゅうか**ら**、はるやすみちゅうま**で**、はるやすみちゅうから**も**

4

なつ(夏)　な**つ**が、なつや**す**み、なつやす**み**が、なつやすみ**か**ら、なつやすみ**ま**で、
なつやすみちゅう**か**ら、なつやすみちゅう**ま**で、なつやすみちゅうか**ら**も

「春休み」と「夏休み」のアクセントが異なるのも、「春休み中からも」と「夏休み中から

も」のアクセントが異なるのも、すべて「春」と「夏」が異なるアクセント型を持っていることに起因している。「春」はB型、つまり最後の音節が高くなる特徴を持つから、「春休み」も「春休み中からも」も最後の音節が高く発音される。一方、「夏」はA型であるから、「夏休み」も「夏休みからも」も最後から二つ目の音節が高く発音される。論理はきわめて単純である。最初の要素がA型、B型のいずれであるかさえわかれば、その語句がどれだけ長くなっても同じアクセント型で発音されるのである。

青信号と赤信号

平山の法則があてはまるのは、「春」や「夏」のように単独で発音される要素で始まる語句だけではない。「東《とう》」や「北《ほく》」のような漢語(音読み)の要素、「お」や「未《み》」のような接頭辞的要素であっても同じ法則に従う。たとえばB型の「東」で始まる語句は、すべて最後の音節が高く発音される。一方、A型の「北」で始まる語句は、最後から二つ目の音節が高く発音される。また「お」はB型を、「未」はA型を作る接頭辞である。いずれの例でも「音節で数える」という原則は忠実に守られ、A型であれば「最後から二つ目の音節」が、B型であれば「最後の音節」が高く発音される。

とう（東）　とう**きょう**（東京）、とうほ**く**（東北）、とう**だい**（東大）、とうきょうだいが**く**（東京大学）、とうきょうだい**が**（東京大学が）、とうきょうだいがくから**も**（東京大学からも）

ほく（北）　ほく**り**く（北陸）、ほっ**かい**どう（北海道）、ほ**く**だい（北大）、ほっかいどうだい**が**く（北海道大学）、ほっかいどうだいが**く**が（北海道大学が）、ほっかいどうだいがくか**ら**も（北海道大学からも）

お（御）　お**れい**（お礼）、おてが**み**（お手紙）、おしょく**じ**（お食事）、おしょくじ**けん**（お食事券）、おたんじょう**び**（お誕生日）、おたんじょうびプレゼン**ト**（お誕生日プレゼント）、おたんじょうびプレゼントまで**も**（お誕生日プレゼントまでも）

み（未）　**み**らい（未来）、み**せい**ねん（未成年）、み**かん**せい（未完成）、みせいねんしゃ**もん**だい（未成年者問題）、みせいねんしゃもん**だい**を（未成年者問題を）

外来語も例外ではない。「アメリカ」はB型、「ドイツ」はA型の語であるが、「アメリカ」で始まる語句はすべてB型となり、「ドイツ」で始まる語句はすべてA型となる。

アメリ**カ**　アメリカがっしゅうこ**く**（アメリカ合衆国）、アメリカだいとう**りょう**（アメリ

カ大統領)、アメリカだいとうりょうか**ら**(アメリカ大統領から)

ドイツ　ドイツ**れん**ぽう(ドイツ連邦)、ドイツきょうわこく**れん**ぽう(ドイツ共和国連邦)、ドイツきょうわこくれんぽうか**ら**も(ドイツ共和国連邦からも)

名詞だけでなく動詞や形容詞も同じである。A型の要素で始まれば文節全体がA型、B型の要素で始まれば、文節全体がB型となる。過去形や否定形に活用しても変わらない。東京方言のように活用に応じてアクセントを調整する必要はまったくない。

A型動詞　**行**く、**行**った、行**か**ない、行かな**か**った、行き始**め**る、行き始**め**た、行き始めな**か**った

6

B型動詞　来**る**、来**た**、来**ない**、来なかっ**た**、来始め**る**、来始め**た**、来始めなかっ**た**

A型形容詞　お**も**か(重い)、重**か**った、おもお**も**しい(重々しい)

B型形容詞　しろ**か**(白い)、白かっ**た**、白々**しい**

このように、最初の要素のアクセント型が複合語句全体に継承される。この法則によって、いくら語句が長くなってもA型とB型が混同されることはない。最初の要素のアクセント型が違えば、複合語句のアクセント型も違ってくるのである。このことを逆の観点から見ると、

最初の要素のアクセント型を忘れてしまうと、その語句を正しく発音できなくなってしまう。「…休み中」「…からも」というような最終部分だけ見たのではその語句を正しいアクセントで発音できない。最初の要素のアクセント型が語句の最後の部分に実現するから、その最初の要素がA型・B型のいずれのアクセントなのかを語句の最後まで覚えておかないといけないのである。これは標準語の複合語アクセント規則に比べると随分と高度な規則である。標準語の複合語は最後の要素によってアクセントが決まる。たとえば「男」で終われば平板式、「子」や「休み」「信号」などで終われば起伏式となる。最初の部分を忘れても、最後さえ覚えていたら正しく発音できるのである。しかも、そのアクセント特徴は語の最後の部分に現れる。

な**つや**すみ、は**るや**すみ、あ**おしん**ごう、あ**かしん**ごう

鹿児島弁ではこういうわけにはいかない。「春」か「夏」かがわからなければ「…休み」を発音できないし、「青」か「赤」かがわからなければ「…信号」を正しく発音できない。

あ**お**、あおしん**ごう**

あか、あか**しん**ごう

このように話し手にとって、鹿児島弁は標準語よりむずかしい。しかし聞き手にとっては、逆に楽である。「青信号」と「赤信号」のアクセントの違いが語句の最後の部分に現れるから、たとえ「青」「赤」が聞こえなくても話者がどちらを言ったのかわかる。「信号」の「しん」の部分が高ければ「赤信号」であり、「ごう」の部分が高く聞こえれば「青信号」である。「青信号」と「赤信号」が同じアクセント型で発音される標準語では、こういうわけにはいかない。標準語では最初の部分を聞き逃してしまうと、「青信号」と言われたのか、「赤信号」と言われたのかわからなくなってしまう。このように、標準語は話し手の負担が小さい分だけ聞き手の負担が大きくなる。鹿児島弁では逆に、話し手の負担が大きい分だけ、聞き手の負担が小さくなる。

ところで、これまで説明してきた平山の法則は世界でも例を見ないほどに単純で、かつ規則性が高い。標準語であれば、名詞だけでも一〇を超えるアクセント規則があり、動詞・形容詞になると活用形ごとに異なるアクセント型をとることも珍しくない。さらには、一つ一つのアクセント規則が例外を持っていて、そのような例外まで習得するのは至難の業である。『新明解日本語アクセント辞典』の巻末に収められた「東京アクセントの習得法則」は四〇項目、四〇ページにも及んでいる。地方出身のＮＨＫアナウンサーが標準語のアクセントを習得するのに大変な苦労をするという話はよく聞くが、それもそのはずである。規則が多い上に例外も多いから、完全に学習するのには大変な時間と労力を要する。

それに比べると、鹿児島弁のアクセント体系は実に単純と言える。アクセントの型自体も標準語より少ない上に、アクセントの規則と言えば今紹介した平山の法則だけである。この規則は各種の名詞から動詞・形容詞、さらにはその活用形に至るまですべてを支配し、加えて、ほとんど例外を許さない。辞書に書くとすれば、一ページもあれば足りる。薬にたとえると、風邪にも腹痛、頭痛にも、さらには脳梗塞や骨折にも効く万能薬というところであろうか。これほどまでに生産性が高く、例外が少ないアクセント規則は珍しい。

日本語の方言では長崎弁が鹿児島弁に似た二型体系(A型、B型)と複合法則を持っている。しかしこの方言では、語句が長くなると複合表現はB型となり、A型とB型の区別がなくなってしまう。つまり長い語句では複合法則が崩れてしまうのである。また宮崎の都城《みやこのじょう》方言では語句が長くなっても鹿児島弁のような複合法則が守られるが、この方言はA型とB型の区別がない一型《いっけい》アクセント体系である。複数のアクセント型を持ちながら、語句がいくら長くなってもその対立が保存されるというのは、数多い日本語の方言体系の中でも鹿児島弁だけではなかろうか。

平山の法則によく似た法則は京都・大阪弁の複合語にも見られ、最初の語がもともと低く始まる複合語は低く始まり、高く始まる語は高く始まる。

8

キャベツ＋は**たけ**　↓　**キャベツば**たけ(キャベツ畑)
やさ**い**＋は**たけ**　↓　やさい**ば**たけ(野菜畑)

「式保存の法則」と呼ばれるこの複合アクセント法則は、平山の法則と同じくらい生産性が高い規則ではあるが、最初の要素の特徴が複合語の最初に現れるという点で平山の法則とは異なる。最初の要素の特徴が複合語句の最後に現れる平山の法則ほどには、むずかしい規則ではない。

日本語だけではない。世界の諸言語を見ても、鹿児島弁のアクセント体系ほどに単純な体系を持ちながら、その複合法則ほどに規則性の高いアクセント法則を持つ体系はないのではなかろうか。海外の言語学者、音声研究者たちは、平山の法則の話を聞くと異口同音に「美しい(beautiful)」「きわめて簡潔だ(very simple)」「数学的だ(mathematical)」という賛辞を口にする。「真理は単純である(what is true is simple)」というが、これほど単純で美しく、かつ生産性の高い規則というのは珍しい。そのような規則が鹿児島弁の体系に潜んでいるのである。その規則が鹿児島弁話者の頭の中に潜んでいて、彼らは日夜、この規則を操って鹿児島弁を話している。見事というほかない。

夏と冬はA、春と秋はB

ここまで読み進んだ読者は、鹿児島弁は意外に簡単ではないかと思うに違いない。その通りである。A型の要素で始まる語句は最後から二つ目の音節を高く発音し、B型の要素で始まる語句は最終音節を高く発音する。単純で生産性の高いこの複合法則さえ習得できれば、誰でも鹿児島弁らしく話すことができる。事実、テレビドラマでは西郷隆盛や大久保利通などの役を演じる俳優たちが、けっこう上手に鹿児島弁を話している。少しだけ鹿児島弁に馴染みのある人であれば「実にうまい」と太鼓判を押すところであろう。しかしながら、鹿児島弁の母語話者には少し違和感が残ることが多い。「鹿児島弁っぽいが、ちょっと発音が違う」という印象がぬぐえないのである。

その理由は、A型とB型の区別にある。A型の語をB型で発音したり、逆にB型の語をA型で発音したりすることがよく起こり、それが違和感を作り出している。平山の法則は数学の公式のようなものであるから、それを覚えるのはそれほどむずかしいことではない。しかしこの法則がうまく機能するためには、語句の最初の要素がA型なのかB型なのかを知らなければならない。複合語句の成分となる基本的な単語がA、Bいずれのアクセント型なのか、これをすべての語について覚えなくてはならないのである。

これは俳優だけの問題ではない。鹿児島弁の母語話者も、幼児期にこの作業を行っているはずである。一つ一つの語がA型、B型のいずれであるかがわかれば、あとは平山の法則を習得すればよい。その文節がいくら長くなっても、最初の要素のアクセント型さえわかれば、あとは平山の法則で正しく発音できるのである。問題は、A型、B型と覚える作業を、どのようにやっているかということである。これはちょうど、標準語を話す子供たちが、どのようにしてピッチが落ちる語(起伏式)と落ちない語(平板式)を習得しているかということと同質の問題であろう。

標準語の起伏式/平板式の区別も法則化するのはなかなかむずかしかった。複合語であれば、「子」で終わる語は起伏式、「男」で終わる語は平板式というように、最後の要素をもとにある程度の一般化は可能であるが、短い語についてはそのような一般化がむずかしい。特に和語や漢語のように、日本語で昔から使われている語はそうである。第3章で見たように、外来語の場合には語の長さや音節構造から平板式アクセントが生起する語群をある程度推定することはできるが、和語や漢語の場合、なぜ「**い**のち」や「こ**こ**ろ」は起伏式で、「**ねずみ**」は平板式なのか、なぜ「が**く**もん(学問)」や「**え**とう(江藤)」は起伏式で、「が**っこう**(学校)」や「い**とう**(伊藤)」は平板式なのか、よくわからない。今の段階では「そうだからそうなんだ」としか言えない状況である。

しかし、いくら子供の脳がすぐれた吸収力を持っているとしても、数千語という基本語彙の一つ一つについて、「起伏式」「平板式」というラベルをつけていくのは大変な作業である。子供は母音や子音の発音を間違うことはあっても、アクセントを間違うことは稀と言われる。少なくとも、アクセントの体系は母音や子音よりも早く、短期間に獲得される。このことから考えても、起伏式と平板式を識別するある程度の基準・法則は存在するはずである。「こういう構造であれば平板式、そうでなければ起伏式」(あるいはその逆)というような基準があって、子供はその基準を習得して正しいアクセントをマスターしているに違いない。今はまだ、そのような基準・法則がわからないだけであろう。

鹿児島弁のA型・B型をめぐる状況もほぼ同じである。「な**つ**(夏)」と「**ふ**ゆ(冬)」がどうしてA型で、「は**る**(春)」と「あ**き**(秋)」がどうしてB型アクセントをとるのか。どうして「**あ**か(赤)」がA型で、「あ**お**(青)」がB型になるのか。一般的な原理を見つけだそうとしても見つけだせない。しかし規則がまったくないかというと、そういうわけでもない。外来語を中心にいくつか緩やかな傾向が観察される。

まず、一般の外来語はほとんどA型となる。これはちょうど標準語の外来語の九割が起伏式で発音されるのに似ている。それだけではない。例外的にB型となる外来語の多くは、東京でも例外的に平板式で発音される語である。つまり、外来語に関する限り、東京の起伏式は鹿児島ではA型となり、平板式はB型となるという対応関係が見いだされる。このことは、鹿児島弁の外来語アクセントが標準語の外来語アクセントをもとに決まっていることをうかがわせる。つまり、鹿児島弁は英語などの外国語から直接外来語を借用しているのではなく、標準語に借用されたものをさらに借用しているようなのである。

ではどうして鹿児島弁のA型・B型が標準語の起伏式・平板式にそれぞれ対応するのであろう。その答えは、両者の発音を比べてみるとわかる。東京の起伏式と鹿児島のA型はともにピッチが落ちるアクセント型であり、平板式とB型は両方ともピッチが落ちない型である。ピッチが落ちるかどうかを手がかりとして、起伏式の語にA型アクセントを与え、平板式の語をB型アクセントで処理しているという過程が浮かび上がってくる。

標準語　**ド**イツ、ス**ウェ**ーデン、ア**メリカ**、フ**ランス**

鹿児島弁　**ドイ**ツ、ス**ウェー**デン、アメリ**カ**、フラン**ス**

これらの例からもわかるように、標準語と鹿児島弁の発音がまったく同じというわけではない。起伏式-A型の例として「ドイツ」の発音を比べてみると、標準語では「ド」だけが高くなるのに対し、鹿児島弁では「ドイ」が高くなる。これはピッチを担う単位がモーラか音節かという体系の違いを反映している。ともにピッチが落ちるといっても、落ちる場所が違うのである。平板式-B型の語ではどうであろう。標準語では「アメリカ」の「メリカ」が高くなるのに対し、鹿児島弁では「カ」だけが高くなる。この場合には、ともにピッチが落ちないと言っても、どこから高くなるかが標準語と鹿児島弁では異なっている。このように、起伏式とA型、平板式とB型に共通するのは、「ピッチが落ちるか落ちないか」という一点であり、どこで落ちるか、あるいはどこで上がるかというところまで同じではないのである。このことは、鹿児島弁に起こっているアクセント変化を考える上で非常に重要なポイントとなる(第5章)。

ついでに、すべての外来語が前頁のような対応関係を示すわけではないことを付言しておく。少数ではあるが、起伏式-B型という対応関係を示す語もあるし、逆に平板式-A型という対応を示す語もある。

標準語　**ブ**ランコ、**ド**ーナツ、ブ**ラジル**

鹿児島弁　ブラン**コ**、ドーナ**ツ**、ブラ**ジ**ル

次章で述べるように、このタイプの語は今大きなアクセント変化を受けている。たとえば「ドーナツ」は、「ドーナ**ツ**」(B型)から「ドー**ナ**ッ」(A型)へ変化しており、中年以下の人ではこの新しい発音の方がむしろ主流である。

少し話を戻して、子供のアクセント獲得のことを考えてみよう。標準語でも鹿児島弁でも外来語はピッチが下降するアクセント型(起伏式、A型)が大半であると述べたが、はたして言語獲得期の乳幼児がこの情報を使って外来語のアクセントを獲得しているかどうか定かではない。外来語はカタカナで表記されるから、大人はこの情報をもとに外来語かそうでないかという判断を下すことが可能である。しかし文字知識を持たない子供が、音声情報だけをもとに和語と外来語の区別ができるかどうか、少し疑わしい。たしかに和語と外来語は音節構造が大きく異なっており、外来語には和語に少ない重音節(つまり「ん」や「っ」、長母音、二重母音を含む音節)が頻出する。「あたま」と「ヘッド」、「こころ」と「ハート」などの同義語ペアを比べてみればすぐに実感できることであるが、鹿児島弁を獲得しようとしている子供がはたしてこのような音韻構造の違いをもとに外来語を和語から区別し、そして「外来語=A型」という公式をあてはめているのか、今の段階ではわからない。

AチームとMチーム

外来語について、標準語の平板式アクセントと鹿児島弁のB型アクセントの間に対応関係があると述べたが、外来語については鹿児島弁独自の規則も存在している。それはA、B、C、Dというようなアルファベットのアクセントである。AからZまでの二六個のアルファベットを「…が」「…さん」「…型」「…組」「…チーム」の中に入れて複合語句を作ったり、あるいはNHKやPTAのような頭文字語を使って、その発音を鹿児島弁話者(一六名)について調べてみると、次のような規則性が見いだされた(Iが入っていないのは、A型とB型のアクセントが半々で現れたからである)。

鹿児島弁のアルファベットのアクセント

a F、H、L、M、N、Q、R、S、V、W、X、Y、ZはA型アクセント

b A、B、C、D、E、G、J、K、O、P、T、UはB型アクセント

たとえば、AとMの場合には次のようになる。アルファベットの影響は、「ティーシャ**ツ**(Tシャツ)」のような普通の名詞にも現れてくる。

エム(M) エ**ム**が(Mが)、エ**ム**さん(Mさん)、エム**が**た(M型)、エム**ぐ**み(M組)、エム**チ**
ーム(Mチーム)、エ**ム**ディー(MD)

エー(A) エー**が**(Aが)、エー**さん**(Aさん)、エーが**た**(A型)、エーぐ**み**(A組)、エーチ
ー**ム**(Aチーム)、エーティーエ**ム**(ATM)

このような違いは標準語の影響ではない。標準語ではAもMも、ともに単独では起伏式ア

クセント(**エ**ー、**エ**ム)であり、また複合語句では最後の要素が同じであれば同じアクセント型となる(「…組」「…型」のような複合語は平板式となる)。

標準語のアルファベットアクセント

a　**エ**ム、**エ**ムが、**エ**ムさん、エ**ムがた**、エ**ムぐみ**、エ**ムチ**ーム

b　**エ**ー、**エ**ーが、**エ**ーさん、エ**ーがた**、エ**ーぐみ**、エ**ーチ**ーム

では標準語の影響でないとすれば、鹿児島弁のアルファベットアクセントはどのような基準によって分かれているのか。その答えは、アルファベットそのものの音韻構造にある。A、B、Cなどの要素はすべて一音節の構造(つまり母音は一つ)を持ち、一方、A型アクセントを作り出す要素はQとV、Yを除いて二音節(以上)の長さを持っている。音節数によってアクセント型が決められているようなのである。規則としてまとめると次のようになる。

アルファベットのアクセント法則

a　FやHのように二音節かそれ以上の長さを持つアルファベットは、A型アクセントを作り出す。

b　AやBのように一音節の長さを持つアルファベットは、B型アクセントを作り出す。

では、なぜ音韻構造(音節数)とアクセント型の間にこのような対応関係が生じるのか。ここから先は推測の域を出ないが、一音節のアルファベットがI、V、Yを除いて長母音を含んでいることと関係しているかもしれない。鹿児島弁の漢語(音読み)アクセントを見てみると、長母音を含んだものがB型で発音される傾向が見いだされる。たとえば「金、銀、銅」の三つの語は次のようにA型、A型、B型の組み合わせで発音される(ちなみに標準語ではすべて起伏式、つまり高低と発音される)。

きん、ぎん、どう　(**きん**が、**ぎん**が、どう**が**)

アルファベットの中で一音節のものは、I、V、Yを除いて長母音を含んでいる。つまり漢語の「銅」と同じように、長母音一つからなる一音節構造を持っているのである。「長母音を含む一音節語はB型アクセントをとりやすい」という漢語の傾向が外来語に影響したとすれば、前記のような分布が生じても不思議ではない。また、I、V、Yのように二重母音を含む一音節アルファベットが同じ振る舞いを示さないというのも、この分析で説明がつく。

アルファベットのアクセントが漢語アクセントの影響であると考えると、さらにQが例外的な振る舞いを示す理由も理解できるようになる。QはAやBと同じように長母音を含む一音節構造を持っているが、複合語句では一貫してA型アクセントをとる。

キュー（Q）　**キュー**が（Qが）、**キュー**ちゃん（Qちゃん）、キュー**がた**（Q型）、キュー**ぐみ**（Q組）、キュー**チーム**（Qチーム）、**キュー**ピー（QP）

漢語には「キュー」という音を持つ要素が多く存在しているが、これらはなぜか鹿児島弁ではすべてA型アクセントをとる。アルファベットのQのアクセントも、これらの漢語のアクセントに影響されているという可能性が大である。

きゅうしょう**がつ**（旧正月）、**きゅう**しゅう（九州）、**きゅう**かい（球界）、**きゅう**こう（急行）、**きゅう**さい（救済）、きゅう**しょ**く（給食、休職、求職）、**きゅう**どう（弓道）、**きゅう**てい（宮廷）、きゅう**だい**てん（及第点）、**きゅう**りょう（給料、丘陵）

ちなみに漢語にはアルファベットのO（オー）やK（ケー）と同じ音形をもつ要素もあるが、「キュー」のように一貫してA型というわけではない。A型のものとB型のものが混在しているため、アルファベットのアクセントに決定的な影響を及ぼす可能性は低い。

A型　**おう**しゅう（欧州）、**おう**だん（横断）、**おう**せい（旺盛）

B型　おうさ**ま**（王様）、おう**じょ**（王女）

A型　**けい**さん(計算)、**けい**き(景気)
B型　けい**こ**(稽古、恵子)、けいさ**つ**(警察)

「行く」と「来る」

ここまで外来語系の要素についてアクセントを見てみたが、日本語に昔からある単語のアクセントはどうであろう。A型・B型のどちらをとるか、どのようにして決まるのであろう。歴史をたどっていくと、A型とB型が異なるアクセント型から由来することはわかっている(平山一九六〇)。しかし現代語だけ見たとき、A型和語とB型和語を区別する基準は今のところわからない。外来語とは違い、和語のアクセントは予測がつかないというのが正直なところである。たとえば、「夏」「冬」「赤」がなぜA型となり、一方「春」「秋」「青」がなぜB型となるのか、その理由はわからない。子供が何を手がかりにしてアクセント型を決めるのか、今後の研究課題と言える。

しかしながらその一方で、成人話者の場合には別の手がかりが存在する。和語の大半は、標準語と鹿児島弁で逆のアクセント型をとるという手がかりである。つまり標準語でピッチの落ちる語(起伏式)は鹿児島弁ではB型アクセントとなり、ピッチの落ちない語(平板式)はA型アクセントとなる傾向が観察される。これは外来語とは逆の相関関係である。外来語では標準語と鹿児島弁の間に「起伏式⇔A型、平板式⇔B型」という相関関係が成り立つが、和語の場合には、これとは逆に「起伏式⇔B型、平板式⇔A型」という関係が成り立つのである。二音節語と三音節語の例をあげる。

	雨	花	馬	命	心
標準語	**あ**め	は**な**(が)	う**ま**(が)	**い**のち	こ**こ**ろ
鹿児島弁	あ**め**	は**な**	う**ま**	いの**ち**	ここ**ろ**
	飴	鼻	牛	魚	桜
標準語	あ**め(が)**	は**な(が)**	う**し(が)**	さ**かな(が)**	さ**くら(が)**
鹿児島弁	**あ**め	**は**な	**う**し	さ**か**な	さ**く**ら

平山輝男(編)の『全国アクセント辞典』の巻頭「全国アクセント比較表(2)」に収められた五〇三語の和語を分析してみると、表17〜19に示すような分布を示す。品詞(名詞、動詞、形容詞)や語の長さに関係なく、八五パーセントの和語が「起伏式⇔B型、平板式⇔A型」という対応規則に合致するのである。

動詞と形容詞の例をあげる。

表 17　標準語と鹿児島弁のアクセント型の対応(和語名詞)

標準語＼鹿児島弁	A 型	B 型
起伏式	40 語(13%)	138 語(46%)
平板式	96 語(32%)	24 語(8%)

	来る	飲む	走る	行く	焼く	学ぶ
標準語	**く**る	**の**む	は**し**る	い**く**	や**く**	ま**なぶ**
鹿児島弁	く**る**	の**む**	はし**る**	**い**く	**や**く	まな**ぶ**
	暑い	高い	厚い	軽い		
標準語	あ**つ**い	た**か**い	あ**つい**	か**るい**		
鹿児島弁	あつ**か**	たか**か**	あ**つ**か	か**る**か		

このように和語の場合には、標準語と鹿児島弁の間に「起伏式⇄B型、平板式⇄A型」という対応関係が見られる。ピッチが落ちる・落ちないという特徴が、多くの和語において標準語と鹿児島弁では逆になるのである。鹿児島出身の人が標準語で苦労するのも無理はない。また標準語と鹿児島弁が大きく違うように聞こえるのも無理のないことであろう。

しかし少し視点を変えれば、この「負の相関関係」を逆に鹿児島弁や標準語のアクセント学習に利用することも可能である。鹿児島弁の発音がわからなければ、一度標準語で発音してみて「起

表 18　標準語と鹿児島弁のアクセント型の対応(動詞)

鹿児島弁 ＼ 標準語	A 型	B 型
起伏式	5 語(3%)	83 語(49%)
平板式	78 語(46%)	4 語(2%)

表 19　標準語と鹿児島弁のアクセント型の対応(形容詞)

鹿児島弁 ＼ 標準語	A 型	B 型
起伏式	3 語(9%)	19 語(54%)
平板式	13 語(37%)	0 語(0%)

伏式⇒B型、平板式⇒A型」の公式をあてはめればよい。一方、鹿児島弁話者が標準語を話そうとするときは、鹿児島弁で発音してみて、逆の型を作り出すと標準語となる。鹿児島弁でピッチが下がる語はピッチが下がらないように発音し、ピッチが下がらない語はピッチが下がるように発音すればいいのである。アクセントがわからなくて困ったときは、この公式をあてはめればよい。

5 鹿児島弁のアクセント変化

前章では鹿児島弁のアクセント体系について学んだ。語末音節が高いB型とその前の音節が高くなるA型の二つの型しかなく、基本的な単語がこのいずれのアクセント型をとるかということがわかれば、あとは平山の法則がすべての文節に対して正しいアクセント型を作り出してくれる。標準語や大阪弁などの諸方言に比べても、あるいは英語や中国語のような他の言語と比べても、きわめて単純で、かつ規則性の高い体系である。

ところがテレビ・ラジオなどのマスメディアの影響であろうか、あるいは人の移動によるものであろうか、この簡潔なアクセント体系にも変化が生じている。この章では鹿児島県の西北部にある川内市《せんだい》(現、薩摩川内市)における方言調査の結果をもとに、アクセント体系の変化過程を探ってみる(この調査は鹿児島大学の木部暢子氏、太田一郎氏と一緒に行っている鹿児島県全体の調査プロジェクトの一部である。本書で報告するのは、川内市高江町《たかえちょう》という人口一七〇〇人の小さな集落で筆者が行った調査の結果である(Kubozono 2006b))。

鹿児島弁のアクセント変化を調べる基準となったのは、平山輝男(編)の『全国アクセント辞典』である。『全国アクセント辞典』という書名であるが、この辞書には日本語の三つの方言について二〇世紀中頃のアクセントが記載されている。その三つとは、日本語の今の標準語である東京方言、かつて標準語であった京都方言、そして鹿児島方言である。半世紀前とは言え、数万語についてアクセントを記載した辞書を持つ方言は少ない。鹿児島方言がその一つであったことは幸いであった。この章で述べる鹿児島弁の分析も、この辞書ゆえに可能になったと言っても過言ではない。以下、この辞書に記載されたアクセント型を鹿児島弁の伝統的なアクセントとみなす。

紅葉と楓

まず、紅葉《もみじ》と楓《かえで》のアクセントを見てみよう。標準語と鹿児島弁におけるこの二語の伝統的な発音は次の通りである。

東京　**も**みじ(起伏式)、か**えで**(平板式)

鹿児島　もみ**じ**(B型)、か**え**で(A型)

この二語を、鹿児島の若者たちの多くは次のように発音している。

鹿児島(若者)　もみじ(A型)、かえで(B型)

「紅葉」は伝統的にはB型、つまり語末音節だけが高く発音されていたが、今ではA型、つまり語末から二つ目の音節が高く発音されるようになっている。「楓」はそれとはまったく逆で、A型からB型へと変化した。

鹿児島弁にはA型とB型しかないから、体系内で変化するとすればA→Bか、B→Aのいずれかしかありえない。しかし、すべての語がこのようなアクセントの変化を受けているわけではない。アクセント型が変化した語と変化していない語が存在する。どのような語が変化し、どのような語が変化を受けないのであろうか。

調査方法

調査で用いたのは約百語の基本名詞と、その名詞で始まる複合名詞および名詞句である。名詞句は格助詞「が」を付けただけの簡単なものを用いた。たとえば「学校」という基本名詞について「学校、学校制度、学校が」という三つの表現ができることになる。

基本名詞の選択にあたっては、(i)和語・漢語・外来語の口の特定の語種に偏らない、(ii)標準語の起伏式・平板式と鹿児島弁のA型・B型をバランスよく組み合わせる、以上の

表 20　調査語彙における東京と鹿児島のアクセント対応

	標準語	鹿児島弁
a	起伏式(た**べ**もの)	A 型(たべ**もの**)
b	平板式(と**もだち**)	A 型(とも**だ**ち)
c	起伏式(の**み**もの)	B 型(のみも**の**)
d	平板式(ね**ずみ**)	B 型(ねず**み**)

表 21　調査語彙(複合語)における東京と鹿児島のアクセント対応

	標準語	鹿児島弁
a	起伏式(あ**かし**んごう)	A 型(あか**しん**ごう)
b	平板式(ら**くだいろ**)	A 型(らくだ**い**ろ)
c	起伏式(あ**おし**んごう)	B 型(あおしん**ごう**)
d	平板式(ね**ずみいろ**)	B 型(ねずみい**ろ**)

二点に特に留意した。(i)はアクセント変化が特定の語種に偏っていないかを見るため、(ii)はアクセントの型とアクセント変化の関係を調べるためである。すでに述べたように、標準語と鹿児島弁のアクセント型を組み合わせると、表20の四つのグループができあがる。(ii)に配慮したのは、この中の特定のグループにアクセント変化が集中していないかどうかを見るためである。(　)内は語例)。

複合名詞についても同様の組み合わせを配慮した(表21)。すでに述べたように、標準語の複合名詞は最後の要素が同じであれば同じアクセント型を作り出し、鹿児島弁の複合名詞は最初の要素が同じであれば同じアクセント型となる。この違いを利用して、四つの組み合わせができるだけバランスを保つように配慮した。

データを収集したインフォーマント(話者)は、六〇歳以上の高年層が一〇名(男女五名ずつ)、四〇歳から五五歳までの中年層が一〇名(男女五名ずつ)、そして一三歳、一四歳の若年層が二〇名(男女一〇名ずつ)である。これらの中には同じ家族――祖父母・父母・子供の三世代、あるいは祖父母・父母か父母・子供の二世代――のメンバーも多数含まれている。

調査では、インフォーマント一人一人に調査語彙を順次読んでもらう手順をとった。その音声を録音し、実験者(筆者)が話者ごと、語句ごとにアクセントを判断し、記録した。

次に、このように記録した一つ一つの語句について、伝統的な発音に合致しているかどうかを判断した。基本名詞のアクセントは、先に述べた『全国アクセント辞典』記載の伝統的なアクセント型を「正答」とし、それとは異なるものを「誤答」とした。たとえば「学校」という単語は辞書にB型という記載があるため、(a)が正答となり、(b)のようなA型の発音や、(c)のようなその他の発音は誤答と見なされる。

a (正)がっ**こう**　　b (誤)**がっ**こう　　c (誤)が**っこう**

名詞句（…が）と複合名詞については、前章で述べた伝統的な複合法則（平山の法則）に合致しているかどうかで正答と誤答を判断した。たとえば「学校」を伝統的なアクセント型で発音した話者の場合には、（a）が正しい複合名詞と名詞句の発音となり、（b）や（c）は誤答と判断される。

がっ**こう**（学校）

a　（正）がっこうせい**ど**、がっこう**が**

b　（誤）がっこう**せい**ど、がっ**こう**が

c　（誤）が**っこうせ**いど、が**っこうが**

一方、ある話者が「学校」という基本名詞を、辞書に記載されたB型ではなくA型（**がっ**こう）で発音した場合、複合語としては平山の法則に合致する（b）の発音が正しい発音となる。（a）は伝統的なアクセントではあるが、その話者の基本名詞のアクセント型とは一致しないため、誤答と判断される。（c）はA型、B型のいずれでもないため、これも誤答と判断されることになる。

がっこう（学校）

表 22　年齢層別，語句タイプ別の誤答率

年齢層＼語句タイプ	基本名詞	複合名詞	名詞句	平均
高年層	3%	6%	1%	3%
中年層	7%	8%	1%	5%
若年層	21%	25%	3%	16%
平　均	13%	16%	2%	10%

a　(誤)がっこうせいど、がっこうが

b　(正)がっこうせいど、がっこうが

c　(誤)がっこうせいど、がっこうが

調査結果

このような手順で分析を進めていった結果、表22の「誤答率」のデータが得られた。各世代の三種類の語句――基本名詞、複合名詞、名詞句――に対する誤答の割合をパーセントで表したものである。

この表から次の二つのことがわかる。一つは、中年層と若年層の間に大きな違いがあること、つまり、中年層と高年層の成績に大差はないのに、若年層では誤答率が高いということである。もう一つは、世代を問わず、名詞句のアクセントは正答率が高いという点である。若年層では、基本名詞や複合名詞の二〇パーセント以上に誤答が生じているが、名詞句となるとほとんど誤答が生じ

ない。「が」がついたときに高い部分を自動的に後ろに動かすという操作が、正しくできているのである。

がっ**こう**、がっこう**が**
たべ**もの**、たべも**の**が

複合名詞の誤答率が高い値を示しながら、名詞句の誤答率がきわめて低いという事実は、「複合法則」と同じ名前で呼ばれていても、鹿児島弁の(話者の頭の)中では両者が別個の規則である可能性を示唆している。

ところで、いずれの年齢層でも「誤答」と呼ばれるものは、A型とB型の混同が大半であった。たとえば若年層には「青信号」を従来のB型(あおしん**ごう**)で発音しない話者が見られるが、誤答の正体はA型(あお**しん**ごう)である。「あ**お**しんごう」や「あお**し**んごう」のような鹿児島弁の体系で許されない型はほとんど観察されなかった。これは基本的に他の語彙についても、あるいはA型の語を誤って発音する場合でも同様である。このことは、少なくとも今回の調査対象となった集落においては、誤答の大半が「A型とB型の混同」であったことを意味している。つまり、二型アクセントや音節方言という従来の体系を守りながら、その中でアクセントが変化しているようなのである。

表23 若年層の誤答率：アクセント型と語句タイプ

語句タイプ / アクセントグループ	基本名詞	複合名詞	名詞句
起伏式・A型	7%	7%	1%
平板式・A型	43%	27%	3%
起伏式・B型	25%	60%	4%
平板式・B型	11%	4%	4%
平　均	21%	25%	3%

では、このA型⇳B型という混同は、どのような語に起こっているのであろうか。このことを調べるために、調査語彙を先に述べた四つのアクセントグループに分けて若年層の誤答率を調べてみた。

表23を見ると、特定のアクセントグループにアクセントの変化(A型とB型の混同)が集中していることがわかる。具体的には「平板式・A型」と「起伏式・B型」のグループである。このグループに共通し、他の二グループに備わっていない特性は何か。それは、「ピッチが下がるかどうかが標準語と鹿児島弁で一致していない」という特性である。これまでも繰り返し述べてきたように、単語の中でピッチが下がるアクセント型を標準語では起伏式、鹿児島弁ではA型と呼んでいる。逆にピッチが下がらないタイプは、平板式、B型とそれぞれ呼ばれている。表23においてA型とB型の混同が激しいのは、「ピ

ッチが下がるかどうか」という点において、東京と鹿児島が食い違っていた単語グループなのである。両方言の共通性を捉えるために、ピッチが下がるタイプを「下降調」、下がらないタイプを「非下降調」と呼ぶとすれば、東京と鹿児島でこの特徴が異なっているタイプの語彙にアクセント型の混同が多いことがわかる。

若年層の発音においてA型からB型へアクセントが変化しているのは、たとえば次のような語彙である。（　）内は標準語のアクセント型を表す。

A型　⇓　B型

か**え**で　→　かえ**で**　（か**えで**、楓）

ら**く**だ　→　らく**だ**　（ら**くだ**）

よろい　→　よ**ろい**　（よ**ろい**、鎧）

もんだい　→　もん**だい**　（も**んだい**、問題）

お**しょ**く　→　おしょ**く**　（お**しょく**、汚職）

ブラ**ジ**ル　→　ブラジ**ル**　（ブ**ラジル**）

逆に次のような語では、B型からA型への変化が顕著である。

B型 ⇓ A型
もみ**じ** ↓ も**み**じ （**も**みじ、紅葉）
ながさ**き** ↓ なが**さ**き （な**が**さき、長崎）
きょう**と** ↓ **きょう**と （**きょ**うと、京都）
しょう**たい** ↓ **しょう**たい （**しょ**うたい、招待）
ドーナ**ツ** ↓ ドー**ナ**ツ （**ド**ーナツ）

アクセント型の詳細を見てみると、鹿児島の新しい発音と東京の発音が同じでないことは一目瞭然であり、たとえば「ブラジ**ル**」「ドー**ナ**ツ」という鹿児島の新アクセントは東京の「**ブ**ラジル」「**ド**ーナツ」というアクセントと同一ではない。しかし、下降調・非下降調という点に注目すると、両者の共通性は明白である。東京で下降調アクセント(起伏式)で発音されている語は鹿児島でも下降調(A型)で発音されるようになり、一方、東京の非下降調アクセント(平板式)の語は鹿児島でも非下降調(B型)で発音されるようになってきている。「ドー**ナ**ツ」と「**ド**ーナツ」は標準語話者にはまったく違う発音のように聞こえるかもしれないが、下降調という点では同じなのである。

これらの例は、鹿児島弁のアクセントが明らかに標準語の影響によって変わってきていることを示している。この変化は和語、漢語、外来語という語種の違いを超えて、すべてのタイプの単語で起こっている。また、「も**みじ**」「ド**ーナッ**」「よ**ろい**」のような新アクセントは中年層にもすでに見られることから、標準語の影響は最近始まったわけでもなさそうである。表22のデータは、中年層で始まった変化が若年層に至る世代において一挙に進行したことを示唆している一方で、中年層と若年層の間のどの世代で急速化したのか、あるいは中年層から若年層に至る三〇年の間に徐々に加速していったのかというところまでは明らかにしてくれない。テレビの普及といった社会的な要因と関係しているのかどうかも、今後、詳細に調べてみる必要がある。

本題に戻って、標準語の影響は単純語だけでなく複合名詞のアクセントにも見られる。A型⇓B型の例と、B型⇓A型の例をいくつかあげてみよう（　）内は標準語のアクセント型を表す）。

A型　⇓　B型

しゃ**かい**とう　↓　しゃかい**とう**　（しゃ**かいとう**、社会党）

かごし**ま**さん　↓　かごしま**さん**　（か**ごしまさん**、鹿児島産）

らくだ**い**ろ　↓　らくだい**ろ**　（ら**くだいろ**、らくだ色）

B型 ⇓ A型

あおしん**ごう** ↓ あお**しん**ごう （あ**お**しんごう、青信号）

ゆうかいじ**けん** ↓ ゆうかい**じ**けん （ゆ**うかいじ**けん、誘拐事件）

かじばど**ぼう** ↓ かじばど**ろ**ぼう （か**じばど**ろぼう、火事場泥棒）

コーヒーゼ**リー** ↓ コーヒー**ゼ**リー （コ**ーヒーゼ**リー）

すでに述べたように、複合名詞のアクセントは標準語と鹿児島弁で大きく異なっていた。東京では最終要素、鹿児島では最初の要素によって複合語アクセントが決まり、その要素が同じ複合語は基本的に同じアクセント型を持つようになる。たとえば、東京では「赤信号」と「青信号」が同じアクセント型となり、一方、鹿児島では「赤信号」が「赤ペン」と同じアクセント型を持ち、「青信号」とは違うアクセント型となる。新しい鹿児島弁の発音は、この方言の伝統的な複合法則がもはや機能しなくなり始めていることを意味している。たとえば、若者たちの間では「社会党」(A型)と「公明党」(B型)の区別が失われ、ともにB型で発音されるようになっている。一方、「青信号」(B型)と「赤信号」(A型)、「誘拐事件」(B型)と「殺人事件」(A型)の場合には、A型に統一される形でアクセントの区別がつかなくなっている。これまでは一つ一つの音が聞き取れなくても、語末部分のアクセント(高低か低高か）で違いが区別できたペアであるが、新しい発音ではそうはいかない。「青」か「赤」かが聞きとれないと「青信号」と「赤信号」の違いがわからなくなっているのである。

ここでも、「青信号」－「赤信号」のペアがA型で統一され、一方「社会党」－「公明党」のペアがB型で統一されるようになったところに、標準語の顕著な影響を見ることができる。単にアクセントの区別がなくなるのであれば、前者のペアがB型に統一され、後者のペアがA型に統一されることも可能であったはずである。ところが実際には、前者ペアはA型、後者ペアはB型にそれぞれ統一されている。これは東京のアクセントを考えてみるとよくわかる。東京では「…信号」は下降調（起伏式）、「…党」は非下降調（平板式）で発音される。鹿児島の新しいアクセントは、このパターンをまねているのである。

まねていると言っても、東京の発音（アクセント型）を丸ごとまねしているのではないということを再度強調しておきたい。まねているのは下降調か非下降調かという「ピッチ下降の有無」に関する特徴だけである。その証拠に、混同（変化）の結果生じた発音は、東京の発音とは同一ではない。「ドーナツ」が「**ドー**ナツ」という東京のアクセントに変化せず、「ドー**ナツ**」という型になっていることからもわかるように、あるいは「青信号」が「あおしん**ご****う**」から「あ**おしん**ごう」ではなく「あお**しん**ごう」へ変化していることからもわかるように、二型アクセントと音節方言という二つの伝統は依然として守っている。前者は、「高くなるのは語末音節かその前の音節か」という体系であり、後者は「音節で数えて音節単位で高さが決まる（それゆえ、音節の途中でピッチが上がったり下がったりすることはない）」という原則である。鹿児島弁が持っていたこれらの二つの特性は保ちながら、個々の単語のアクセントをA型からB型へ、あるいはB型からA型へと変化させ、また複合名詞のアクセント規則（平山の法則）も失い始めている。標準語の影響を受けて大きく変化していると言っても、この点ではまだ魂は残していると言えるのかもしれない。

鹿児島弁はどこへ行く？

では、このまま変化が進むとどうなるのか。表23に見られる変化が進行すると、標準語の起伏式、平板式アクセントと鹿児島弁のA型、B型が一〇〇パーセント対応するようになることが予想される。つまり、東京で下降調アクセントで発音される語はすべて鹿児島でも下降調（A型）で発音され、東京で非下降調で発音される語はすべて非下降調（B型）で発音されるようになるであろう。「赤」と「青」が今はまだ「**あ**か」（A型）と「あ**お**」（B型）とアクセントで区別されているが、東京の「**あ**か」「**あ**お」という発音に対応して、ともにA型で発音される日がくるに違いない。複合語に関してこの変化が含意するところは重大で、最終要素で複合語アクセントが決まる標準語の影響を受けた結果、「語頭要素がA型なら複合語全体がA型、B型なら全体がB型になる」という鹿児島弁の伝統的な複合法則(平山の法則)が働かなくなることを意味する。最初の要素のアクセント型が語末に現れるという、あの見事なアクセント法則が完全に崩れてしまうことを意味しているのである。残念というほかはない。

さらに変化が進むとどうなるか。今予測した体系は、アクセント型の数と、アクセントを担う単位については、これまで通りの状態を維持している。つまり、A型・B型の二つの型を持つ二型アクセント体系と、音節で長さを数えて音節単位に高く(あるいは低く)発音するという音節言語の体系は保持したままである。複合法則の次は、この二つの特性が失われてしまう可能性がある。

いや、もうその変化はすでに起こっているのかもしれない。今回のデータは鹿児島県でも郡部で行った調査の結果であった。人々の移動が激しい都市部、たとえば鹿児島市のように他県からの人が数多く移り住む地域では、もっと大きな変化が起こっていることが予想される。鹿児島大学の木部暢子教授の話では、鹿児島市内の若者の発音にA型でもB型でもないアクセントや、音節の内部で高さが変わる発音が聞かれるという。前者は二型アクセント体系が、後者は音節言語体系が、それぞれ崩れてきていることを示唆している。詳細は本格的な調査を待たなくてはいけないが、A型・B型以外の型が登場したり、音節に加えてモーラ単位のアクセント規則が働くようになると、私たちが知っている鹿児島弁とは質的に異なる体系が生み出されたことになる。

鹿児島弁のすぐ北東側には都城《みやこのじょう》方言と呼ばれる一型アクセント体系が横たわっている。すべての語句が鹿児島弁のB型で発音される方言地域である。また、鹿児島弁の北側(熊本県)には無型アクセント体系というアクセントの型がない——同じ単語を複数のアクセント型で発音しても違和感がない——方言地域が広がっている(平山一九六〇)。音節かモーラかという点では、いずれも鹿児島弁とは違いモーラ主体の方言である。鹿児島弁は、このいずれかの方言体系に同化されてしまうのであろうか。それとも、このまま標準語の影響を受けて、標準語のアクセントをさらに借用する方向へ進むのであろうか。

言語や方言はそれが話されている地域の文化であり、言語や方言の間には貧富の差はない。経済水準などとはまったく無関係に、それぞれの言語・方言が独自のすばらしい体系を持っている。本書で紹介した標準語も鹿児島弁も例外ではなかった。とりわけ鹿児島弁の場合、前章で述べたように、きわめて単純ながら、数学的で美しいアクセント規則を持っている。そのようなアクセント法則が鹿児島弁話者の頭の中にあるのである。しかしながら、マスメディアや教育の普及、あるいは人の移動によって、日本語を特徴づけていた諸方言の体系が崩れ、方言固有のアクセント体系も急速に失われてきている中で(真田二〇〇二)、鹿児島弁もその影響から無縁というわけにはいかなくなっている。

体系がリアルタイムで崩壊していくのである。言語接触によって一つの体系が崩壊していく過程は、言語学者にとって研究の好機と言えるのかもしれない。しかし、自然や芸術と同じように、言葉の世界でも美しいものが失われていくということは実に残念なことである。せめて、変化の速度が少しでも緩やかになり、今の美しさが少しでも長く保たれることを願ってやまない。

エピローグ

The more I learn, the more I realize I don’t know.
The more I realize I don’t know, the more I want to learn.
知れば知るほど、己の無知を悟る。
無知を悟るほどに、もっと知りたくなる。
（アルベルト・アインシュタイン）

私と言語学の出会いは鹿児島の田舎で過ごした高校時代にさかのぼる。英語に夢中になっていた私は、当時人気があった「百万人の英語」というラジオ講座を毎日欠かさず聞いていた。曜日ごとに講師が変わる番組の中の一つが、渡部昇一氏による英語語源講座であった。foot-pedal, tooth-dental, kind-gentle などのペアがそれぞれ共通の語源を持っており、子音の発音が非常にきれいな法則(グリムの法則)に従っていることを学んだ。それまでも言葉に「文法」があることは承知していたが、音の世界の法則に触れたのはその時がはじめてであり、いたく感動したのを覚えている。

と言っても、そのまま大学で言語学を学ぼうと思ったわけではなかった。大学では哲学を専攻しようと思っていたが、どういうわけか大阪外大の門をくぐった。そこでグリムの法則と再会することになる。専門(英語学)の授業では大母音推移という大きな音変化が起こったことを学び、それが卒業論文、修士論文(名古屋大学)のテーマとなった。

日本語の研究に関心を持ったのも大阪外大の学生時代であった。当時留学生別科というところで日本語を教えていらした故寺村秀夫先生の講義を聞いてからである。寺村先生が日本語文法の大家であることは後に知ったが、日本語について素朴な疑問を投げかけるスタイルの授業が実に新鮮であった。答えがわからずに研究室を訪ねていくと、「僕もわからないいんです」とおっしゃる。自分も何か言葉の研究に貢献できるかもしれないという気がした。

実際に日本語(音声)の研究に取り組み始めたのはイギリスのエジンバラ大学に留学してからであった。音声学の授業も面白かったが、一番の収穫は「自分の母語である日本語のことをほとんど何も知らない」という事実を正しく認識したことであった。以来、自分が日々操っている日本語の構造を研究している。これは自分の頭の中で起こっていることを知ること、少し大げさに言えば「自分を知る」作業である。

英語や他の言語の研究成果を踏まえて日本語を見てみると、これまで気がつかなかった日本語の仕組みが見えてくる(その逆も真である)。その多くは、日本語独自のものと言うより、他の言語にも共通するものであり、非常に単純な原理に還元できるものであった。最近になって「自分を知る」研究は自分の母方言である鹿児島方言に広がってきたが、この方言のアクセント規則やアクセント変化の中に見事な法則があることを(再)発見したときは大きな感動を覚えた。五十年近く母語として使ってきた言語の中に――そしてその言語を操っている自分の頭の中に――これほど美しい規則があったのかと感動した。私が言語研究の道に進み、今でも言語学者を続けているのは、そのような感動が忘れられないからである。

本書を刊行するにあたって、多くの人たちと研究助成のお世話になった。鹿児島弁の調査にあたっては、多くのインフォーマントの協力、特に花牟禮靖男、永田善三、窪薗浩己の三氏の協力が不可欠であった。また、鹿児島大学の木部暢子教授、太田一郎助教授からは調査の企画にあたって貴重な助言を得た。岩波書店の浜門麻美子氏は筆者の遅筆に辛抱強く対応し、貴重なコメントを下さった。本書を刊行できたのは、これらの方々を含む多くの人たちの協力によるところが大きい。ここに記してお礼を申し上げる。

本書にまとめた研究は稲盛財団(平成一四年度)、三菱財団(平成一五年度)の研究助成及び文部科学省(日本学術振興会)科学研究費補助金・特定領域研究(12132102)、基盤研究(B)(14310222)、萌芽研究(15652027)、基盤研究(A)(17202010)をもとに行った研究の成果である。「役に立たない」と言われる人文系の基礎研究に対して貴重な研究資金を提供して下さったことに感謝の意を表したい。

最後に、この本を今は亡き二人の父、窪薗義晴と栗山佳三に捧げる。

二〇〇五年九月

窪薗晴夫

音韻・形態構造』神戸大学文化学研究科博士論文.
上野善道 1989.「日本語のアクセント」杉藤美代子(編集)『日本語の音声・音韻』(上)(講座「日本語と日本語教育」2)，明治書院.

［アクセント辞典］

平山輝男(編) 1960.『全国アクセント辞典』東京堂出版.
金田一春彦(監修)・秋永一枝(編) 2001.『新明解日本語アクセント辞典』三省堂.
NHK(編) 1985/98.『日本語発音アクセント辞典』日本放送出版協会.
杉藤美代子(編) 1995.『大阪・東京アクセント音声辞典』(CD–ROM)，丸善.

参考文献

秋永一枝 1985/98.「共通語のアクセント」NHK(編)『日本語発音アクセント辞典』日本放送出版協会，巻末.

Hayes, B., 1995. *Metrical Stress Theory: Principles and Case Studies*. University of Chicago Press, Chicago.

平山輝男 1951.『九州方言音調の研究』学界之指針社.

木部暢子(編) 1997.『鹿児島県のことば』(日本のことばシリーズ46)明治書院.

木部暢子 2000.『西南部九州二型アクセントの研究』勉誠出版.

Kubozono, H. 1996. Syllable and accent in Japanese: evidence from loanword accentuation.『日本音声学会会報』211, 71–82.

窪薗晴夫 1999.『日本語の音声』岩波書店.

窪薗晴夫 2002.『新語はこうして作られる』岩波書店.

Kubozono, H. 2006a. Where does loanword prosody come from? A case study of Japanese loanword accent. *Lingua* 116, 7.

Kubozono, H. 2006b. Tonal change in language contact: evidence from Kagoshima Japanese. *Tones and Tunes: Studies in Word and Sentence Prosody*. Mouton de Gruyter, Berlin.

Kubozono, H. and Fukui, M. 2006. Phonological structure and unaccented nouns in Tokyo and Osaka Japanese. *Proceedings of the 14th Japanese Korean Linguistics Conference*. 39–50.

McCawley, J. D. 1968. *The Phonological Component of a Grammar of Japanese*. Mouton, The Hague.

真田信治 2001.『方言は絶滅するのか──自分のことばを失った日本人』PHP 新書.

田中真一 2005.『日本語におけるリズム・アクセントの「ゆれ」と

■岩波オンデマンドブックス■

岩波科学ライブラリー 118
アクセントの法則

2006年4月5日　第1刷発行
2008年7月15日　第2刷発行
2018年1月11日　オンデマンド版発行

著　者　窪薗晴夫《くぼぞのはるお》

発行者　岡本　厚

発行所　株式会社　岩波書店
〒101-8002　東京都千代田区一ツ橋2-5-5
電話案内　03-5210-4000
http://www.iwanami.co.jp/

印刷／製本・法令印刷

ISBN 978-4-00-730719-5　　Printed in Japan